感染症医が教える性の話

岩田健太郎 Iwata Kentaro

★——ちくまプリマー新書
269

目次 ＊ Contents

本文イラスト　たむらかずみ

はじめに――感染症屋が性教育をするワケ

みなさん、こんにちは。岩田健太郎といいます。

ぼくは医者だ。専門はいろいろあるけど、とくに感染症をメインに取り組んでいる。

この本は性教育についての本だ。読者のみなさんのなかにも性教育、受けたことがある人もいると思う。ぼくは学校の先生じゃないんだけど、これまで長い間性教育に取り組んできて、ときどき学校で授業をやったりもしている。どうしてそうなったのかは、あとで説明するけど、まあその結果この本も書いているというわけだ。

みんなは「どうして数学を勉強しなきゃいけないの？　おとなになったら方程式とか使わないのに」とか、「歴史の授業なんて本当に意味があるんだろうか」なんて考えたことないかな。特に試験の前で「勉強なんてイヤだ」モードになった時はそういう気分にならないかい。ぼくはよくそんな気分になったな。

で、ここでは「どうして性を学ばなければならないの？」という疑問を考えてみたいと思う。

どうしてかというと「性教育なんて必要ない」と反対している大人もいるからなんだ。さあ、そこでみんなに考えてほしい疑問その1。なんで多くの日本の大人は「性教育なんて必要ない」と思っているんだろう。

そして、疑問その2。その意見は正しいんだろうか。

さらに疑問その3。仮にそういう大人の意見が正しくなくて、やっぱり性教育が必要なんだ、としようか。では、「正しい性教育」、「必要な性教育」ってどういうものなんだろうか。文部科学省は学習指導要領に小学校、中学校、高校における性教育について記載している。「そういうの」があるべき性教育なんだろうか。

というわけで、本書はまず日本の性教育の歴史を振り返る。そして、性教育の必然性について考える。必然性っていうのは「それがなくてはならない理由」ってことだ。鉛筆があるのは、それがないと困るからだ。では、性教育はないと困るんだろうか。鉛筆がないと困るように。

つぎに、本書では性教育はどうあるべきか、を考える。どんな教育でもよい方法とそうでない方法があるんだと思う。では、「よい性教育」とはどんな性教育なんだろう。それもいっしょに考えてみたい。ぼくが現在実践している性教育をそこで紹介してみたい。

さらに、もうひとつ。本書が他の性教育本（？）と大きく違う点なんだけど、最後に「絶対恋愛」の可能性を論じてみる。絶対恋愛ってなんや？　って、みなさん思うだろうけど、この話はややこしいので、あとでゆっくり説明する。もっとも、ややこしくて説明はちょっと長くなるけど、全然難しい話ではないのでご心配なく。そしてお楽しみに。

ところで、ぼくみたいな医者がなんで性教育をテーマにした本を書くんだろう。まずはそれを説明したい。

ぼくは感染症のプロなんだけど、世の中には本当にたくさんの感染症があるんだ。みんなが聞いたことがありそうな感染症としては、例えば、エボラ出血熱。２０１４年に西アフリカで流行したこの感染症は世界を震撼《しんかん》させた。実はぼくも２０１４年の12月から１ヵ月程度西アフリカのシエラレオネにＷＨＯ（世界保健機関）のコンサルタントとしてエボラ対策に取り組んでいた。当時はたくさんの人がエボラで亡くなっていたから、その対策は結構大変だった。

感染症の対策としてはざっくり大きく分けると治療と予防に分けられる。治療はエボラになった患者さんを治すことで、予防はエボラになってない患者さんがエボラにならないようにすることだ。

感染症を予防するためには、感染症がどのようにして起きるかを知っておかねばならない。例えば、風邪はくしゃみや咳《せき》で感染する感染症だ。だから、咳でうつらないようにマスクをしたり、咳をする時腕で口の前をおおったりするんだ（こういうのを咳エチケットといいます）。

エボラの場合は、エボラウイルスの入っている患者の体液を触ることで感染する。汗とか、涙とか、血液とか、唾液《つば》とか。とにかく患者には素手で触らないようにしないといけない。こういう指導が「予防対策」ということになる。

ところで、エボラについてあまり知られていない事実があるんだ。それは、エボラがセックス（性行為）でうつるということ。

セックスによってうつる感染症を性感染症と呼ぶ。英語ではsexually transmitted diseasesという。sexuallyは「セックスで」という副詞、transmittedはうつるという意味、で、diseasesは病気のことだ。略してＳＴＤ《エス・ティー・ディー》とも呼ぶ。

エボラもセックスで感染する。だから、エボラも大きな意味ではＳＴＤの一種なんだ。実際、エボラにかかった男性患者が回復してから数ヵ月経っても、精液の中からはエボラウイルスが見つかることがある。エボラが治ったと喜んでセックスしてしまうと、相手にもエボラがうつってしまう。

ぼくたちはエボラ出血熱から回復した患者を生存者《サバイバー》と呼んでいた。エボラは死亡率が高いから、まさに「生き残った」って感じだったんだ。けれども、彼らが他の人にエボラウイルスを感染させるのは困る。そこで、こういうサバイバーたちに適切な性教育を行い、彼らの大切なパートナーや家族がエボラの危険に晒《さら》されたりしないよう取り組んできた。

本稿執筆時点（２０１６年10月）では、ブラジルなど多くの国で猛威を振るっているのがジカ熱だ。これは蚊に刺されて感染するウイルス感染で、妊婦が感染すると胎児に小頭症という先天奇形が起きる可能性がある。大変な問題だ。

ジカ熱は昔からある病気だけど、蚊がうつす病気なので人からは直接感染しないと思われてきた。ところが、最近になってジカ熱がセックスで感染することが判明したんだ。つまりジカ熱もまた、STDの側面を持っているってことだ。

エボラ出血熱やジカ熱のみならず、世の中にはたくさんのSTDがある。梅毒《ばいどく》、クラミジア感染、そしてエイズ。

ぼくたち感染症のプロは、たくさんのSTDと日夜取っ組み合っている。梅毒やクラミジアは抗生物質で治療ができる。でも、エボラやジカ熱には有効な治療薬はまだない。それに、梅毒はときに神経や血管に重い後遺症を残す。クラミジアも女性の不妊の原因になったりする。診断が遅れれば、抗生物質もこうした合併症を克服できない。なかなかやっかいだ。「薬を飲めば、大丈夫」という簡単な病気じゃあないってことだ。

それから、忘れちゃいけないのがエイズ。あとで詳しく説明するけど、日本ではHIVというエイズの原因ウイルスに感染している人が年々増加している。これも深刻な問題だ。

感染症は治療も大事だけど、同じくらい、いやそれ以上に予防も大事だ。エボラのところでそれは言ったよね。病気は治すことより、かからないことのほうが遥《はる》かに大切なんだ。

STD＝性感染症を予防する方法はいくつかある。でも、いちばんパワフルな予防法は性教育だ。性を学ぶ理由のひとつが、ここにある。一見、性教育とは関係なさそうな内科医のぼくが、長い間性教育に関わってきた理由もそこにある。

STDはセックスによって起きる。性教育があれば、そのリスクを回避できる（可能性が高い）。

いや、STDだけじゃない。他にもセックスにはいろんなリスクがついてまわる。たぶん、そういうリスクは、みんなが想像しているよりもずっとたくさんある。そういうリスクを回避するにも、性教育は有効だ。どんなリスクがあるのかってことはあとで詳しく説明する。

学校教育の目的はたくさんある。でも、そのなかでも特に大事なのは「生き延びるためのスキルを学ぶこと」だとぼくは思う。文部科学省も学習指導要領のなかで「生きる力」と銘打っている。

「生きる力」「生き延びるためのスキル」というのは、リスクを回避したり、リスクを克服する能力だと言い換えてもよい。しかし、リスクを回避したり克服するには、まずそのリスクを認識できないとだめだ。認識できないリスクは回避も克服も不可能だ。

セックスにまつわるリスクがある。感染症もそのひとつだが、それだけじゃない。そういうリスクを回避し、あるいは克服するにはセックスにまつわるリスクの認識が不可欠だ。どうやったらその認識が可能になるか。

それは「学び」による以外に他はない。よって教育が必須ということになる。

すでに述べたように世の中には「性教育なんて必要ない」「寝た子を起こすな」と性教育に否定的な見解を持つ人もたくさんいる。しかし、そのような見解は短見というものだ。それが短見である理由も本書で解き明かしていく。

ただし、本書はそこで終わりにはならない。

ぼくの本は、たいてい二重仕掛けだ。

以前、『1秒もムダに生きない』（光文社新書）という本を書いたことがある。これは一種のタイム・マネジメントの本で、時間をいかに有効に活用するか、そのスキルを伝授する本だった。

でも、この本はただのスキル集じゃない。単に時間を有効に使うだけでは、時間に追われる悲しい人生にしかならない。

ミヒャエル・エンデは『モモ』という童話の中で「時間泥棒」を紹介していた。あくせくと時間に追われて生きる虚《むな》しい人生がそこにはあった。それじゃだめで、スキルを使って獲得した時間をどうやって使うかが大事だ。大切な家族との時間、ゆっくりとした思考の時間、豊かな生活のための時間に転じる必要があるのだ。それがなければ、時間を削り取るスキルを獲得しても意味なんてない。そこを伝えずに、単に時間を削り取るスキルばかり紹介しても、意味がないとぼくは思っている。

同じように、セックスに関するリスクを認識し、回避し、克服するスキルだけ学んでも不十分だとぼくは思う。本書も、単なるリスク回避のスキル本、マニュアル本にはしたくない。

いったんある議論を展開しておいて、それを否定し、ひっくり返すような議論を弁証法的な議論とここでは呼んでおきたい。

みんなが学校で学ぶことはたいてい「正しいとわかっていること、正しいと決まっていること」だ。だから、教わったことをそのまま受け入れ、記憶し、飲み込めばいい。

でも、勉強科目の全てが「正しいとわかっていること、正しいと決まっていること」とは限らない。「それが正しいんですね」と素直に受け入れる勉強もあるけれど、「それは本当に正しいんだろうか」と疑ったり、悩んだりする勉強もあるんだ。

日本ではこういう「疑う」「問う」「悩む」タイプの勉強が少なすぎるとぼくは思っている。性教育にもそういう「疑う」「問う」「悩む」部分を残しておきたい。否定したり、ひっくり返したりしながら「グズグズと悩む、考える」弁証法的な議論をしたい。

そういうわけで、本書でも「生き延びるための」方策としての性教育の必要性をまずは論じていきたい。けれども、その議論の先にあるものは「それだけではだめだ」なんだ。弁証法的な議論というわけだ。

時間を削り取るだけのタイム・マネジメントは虚しい。同じように、リスク回避、安全追求のためだけの性教育も等しく虚しいとぼくは思う。そこから導き出されたのが本書の後半に出てくる「絶対恋愛」の存在可能性、というわけだ（まだ全然説明してないけど）。みんなに疑い、問い、悩んでほしいところだ。

一時間目　性と感染症

性教育が「必然」な根拠

ぼくが性教育に取り組むようになったのは１９９０年代前半だ。ちょうど日本の学校で性教育が始まった頃と同じ時期だ。もう二十年以上前になる。

ぼくは一所懸命性教育に取り組んでたんだけど、当時はそんなの意味ないよ、と冷ややかに見る人のほうが多かったように思う。

あとで説明するように、日本で性教育が始まったのは「エイズ・パニック」が起きたからだ。当時はアメリカなどでエイズが流行して大問題になっていた。日本でエイズが蔓延《まんえん》したら大変だから、性教育をしようって話になったんだ。

でも、そういう考えに冷ややかな立場を取る人もたくさんいた。「日本はアメリカとは違う。性教育なんかしなくたって、エイズは流行しないよ」と懐疑的な意見をもった人たちだ。

たしかに、90年代前半の国内ＨＩＶ感染者は５００人ちょっとしかいなかった。しかも、そのほとんどは血液製剤からの感染者か、外国人患者。日本人がセックスでＨＩＶに感染する事例はほとんどなかった。多くの人は「日本人は外国人のように性の乱れはない。だからエイズは関係ない」と考えていた。アメリカやヨーロッパでのエイズの蔓延は「外国人は性が乱れているから」というわけだ。

じゃあ、日本人には外国のような「性の乱れ」はなかったんだろうか。

答えは、大あり。日本人は性的に……まあ、あえて乱暴な言葉を使うなら……（外国と比べても）「乱れまくっていた」んだね。

それは、データを見ればよくわかる。こういう時に大切なのは、個々人の思い込みに頼ることではない。クールにデータを分析することだ。難しい言葉を使うなら、「観念論」じゃだめだってことだ。

たとえば、２００7年に発表されたある調査では、日本の高校生女子の13・1％に、男子の６・７％にクラミジア感染症という性感染症があることがわかった。

クラミジアもセックスでうつる微生物だ。STDの原因ってわけだ。尿道（おしっこの出るところ）や膣《ちつ》、子宮、精巣（いわゆるキンタマ）なんかに炎症を起こすし、女性では炎症で不妊の原因にもなる。なぜかクラミジア感染は男よりも女に圧倒的に多いんだけど、やっかいなのは女性感染者のほとんどが無症状、つまり自分では感染に気がつかないってことだ。気づかないまま体を蝕《むしば》まれて不妊になることもあるし、菌を別の人に感染させてさらに感染を広げることもある。症状がないなら痛くもつらくもないからいいじゃない、と思ってはだめで、かえって感染は広がりやすくなってしまう。

セックスなしではクラミジア感染は起こりえない。同じ人とだけセックスをしてもクラミジアの感染は広がらない。つまり、日本の高校生にクラミジア感染が多く見られたってことは何を意味しているかというと、彼らの多くはセックスをしており、それも複数の相手とセックスをしていたっていうことだ。観念ではなくデータが大事だと言ったのは、こういうことだ。

高校生がセックスをして、しかもその場合、相手は一人だけではなく、複数のセックス相手がいる（ことがけっこう多い）。これを「性の乱れ」と呼ぶのなら、日本の高校生の性は乱れまくっていた。しかも、ほぼ同時期のアメリカの女子高校生の調査ではクラミジア感染率は3・9%、スウェーデンでは2・1%だった（「日本化学療法学会雑誌」第55巻第2号：135–142, 2007）。

アメリカやヨーロッパとは違って日本は大丈夫なんて、ただの偏見。夜郎自大な自国自民族礼賛主義に過ぎなかったってわけだ。

では、「性の乱れ」がありながら、どうしてかつては日本でHIV感染症が少なかったのか。この理由はおそらくは偶然、つまり「まぐれ」だった可能性が高い。

複数の人とセックスをすると、性感染症は広がっていく。セックスをしなければ、あるいは同じ人とだけセックスをしていれば（そしてその相手も別の人とセックスしなければ）性感染症が広がっていく可能性はほとんどない。

けれども、たとえ複数の人とセックスをするコミュニティー（こういうのをコミュニティーと呼んでもいいんだろうなあ）があったとしても、そこに病原体が存在しなければ、性感染症は広がっていかない。

病原体は、マンガやアニメの「ドラゴンボール」の主人公・孫悟空みたいに空中にパッと現れることはない（伝わるかな）。必ずどこからかやってこないといけない。具体的には、ＨＩＶを持った人が、そのセックスのコミュニティーに入り込む必要がある。

日本では、昔から複数の人たちがセックスを重ねていく「コミュニティー」が存在した。だからクラミジアが広がっていった。そのコミュニティーの中にクラミジア感染のある人が入り込んだ結果、感染症が増えたのだ。しかし、ＨＩＶを持った人はコミュニティーには入っていなかった。だからＨＩＶ感染症は広がらなかった。簡単な理屈だ。

しかし、「ＨＩＶ感染症は広がらなかった」は過去形で書かねばならない。現在、日本では「ＨＩＶ感染症は広がっている」からだ。特定のコミュニティーにおいて、だ。その話は今からする。

いずれにしても「日本では性の乱れはないから性感染症は心配ない」は根拠のない幻想にすぎない。

21世紀になって、新しく見つかるＨＩＶ感染者は年間１４００人以上いる。ぼくの専門外来にもコンスタントに新しい患者が紹介されてくる。新患はほとんどが日本人だ。もはやＨＩＶ／エイズは「どこかの外国の話」ではない。かつて「死の病」だったエイ

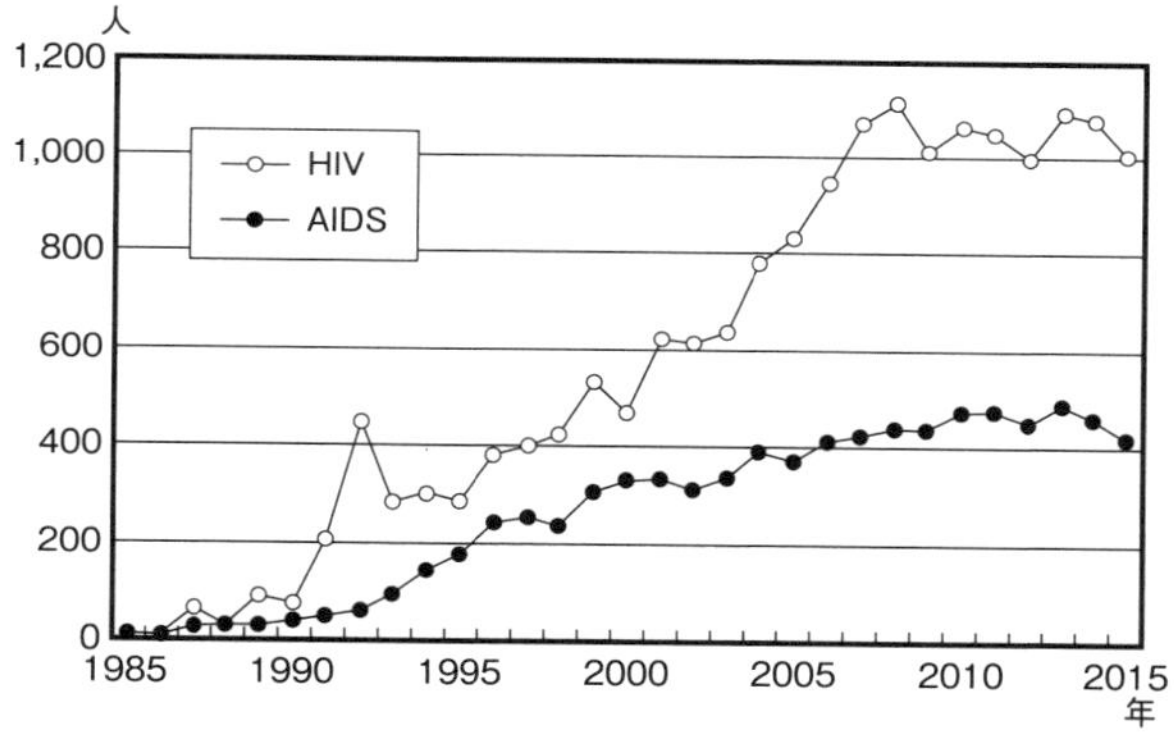

図１　新規 HIV 感染者および AIDS 患者報告数の年次推移　平成 27（2015）年厚生労働省エイズ動向委員会報告より

ズだが、治療が進歩して今の患者は死なない。死なないのに新患が毎年千人以上出ているわけで、当然総患者数は増える。現在、日本のＨＩＶ感染者総数は２万人を超えると考えられている。無視できないほどの相当な数だと思わないかい。

ＨＩＶ感染者はエイズを発症してる人（ＡＩＤＳ）と発症していない人（ＨＩＶ）に分けて報告することになっている。両方を合わせるとその年の感染者総数となる。２００７年くらいからエイズ発症のないＨＩＶ感染者が毎年千人以上、エイズ発症のあるＨＩＶ感染者が毎年４００人以上いるのがわかる（図１）。

日本では患者が増え続けているＨＩＶ感染症

世界の新規HIV患者の変遷（2001-2012）

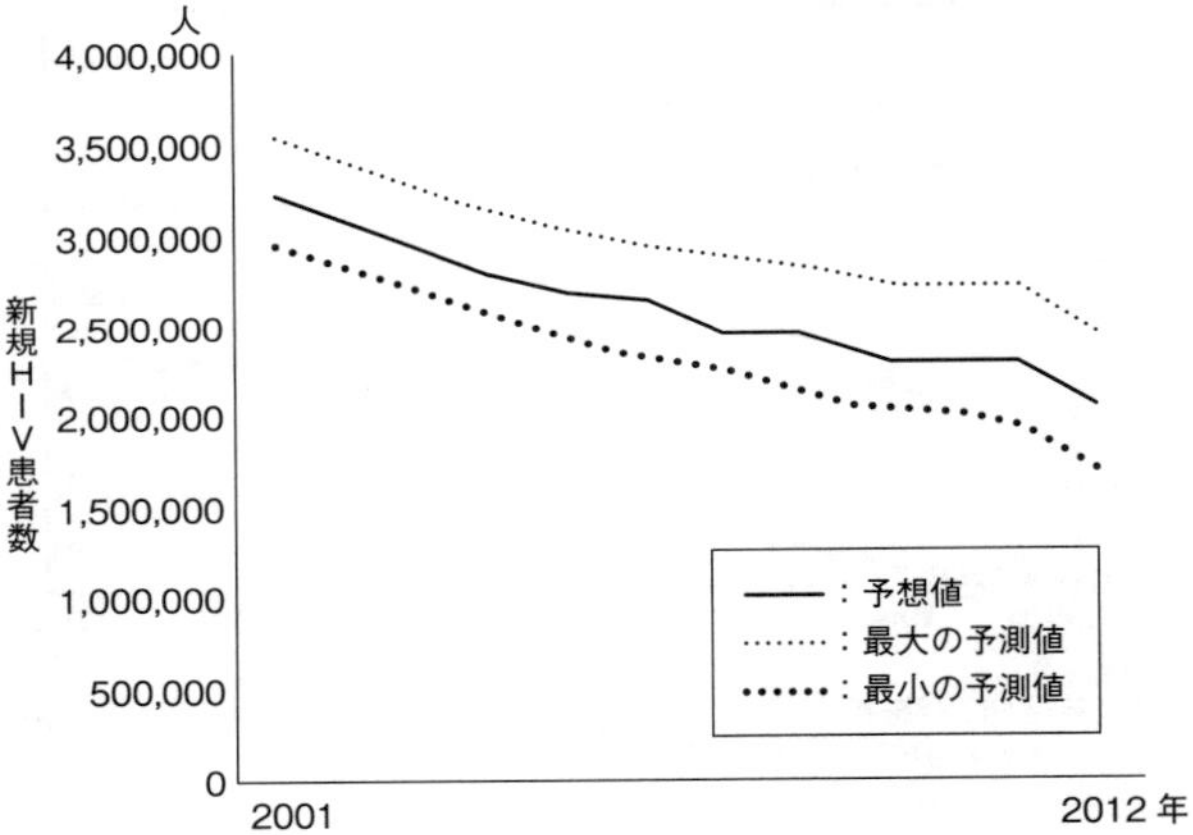

図2　Global Report UNAIDS　report on the global AIDS epidemic 2013より

だが、世界全体で言うと、新規のＨＩＶ感染者数はここ十年くらいコンスタントに減り続けている（図2）。長い間の予防、啓発活動が成果を見せているのだ。日本の現状は世界に逆行しているとも言える。

そういう意味では、「エイズ対策」を目的として１９８９年にスタートした日本の性教育は当初の目的を達成できなかった、ということもできる。日本におけるエイズ流行を防ぐのが日本で性教育を行う目的だったのに、性教育をスタートさせた後にＨＩＶ感染の増加を許容し、今現在も許容し続けているのだから。

エイズとは

ところで、そもそもエイズとかＨＩＶとはいったい何のことなのか。これを説明しておかないとピンと来ないと思う。

ＨＩＶとは、ヒト免疫不全ウイルス、英語で書くとhuman immunodeficiency virusの略だ。これは文字通り免疫不全、病気と戦う力である人間の免疫力を落としていくウイルスのことだ。ＨＩＶが原因となり、エイズ、つまり後天性免疫不全症候群が起きる。

後天性免疫不全症候群、なんて漢字の羅列を見るとたいていビビる。「困難は分割せよ」とデカルトは言った。ぼくらもデカルトに倣い、この漢字の羅列を分割する。

後天性　と　免疫不全　と　症候群

後天性とは「先天性の逆」「先天性ではない」、という意味だ。つまり生まれつきの病気ではない、ということだ。

免疫不全もさらに分割しよう。

免疫　と　不全

不全とはうまく行っていない、免疫能力が落ちている状態だ。では、免疫とは何か。これも分割。

免　と　疫

疫とは病気のこと。疫病という言葉が連想させるように、しばしば流行病《はやりやまい》、すなわち感染症のことを意味する。免とは「免れる」という意味だ。つまり病気を免れる能力のことを免疫というのだ。この場合はもっと狭い意味で使えば、「感染症と戦う抵抗力」と置き換えても、大きな問題はない。

症候群とはいろいろな病気の症状が出るのに、その原因がわかってない状況を言う。

エイズが発見されたのは1981年なんだけど、当時はこの病気の原因（HIV）が発見されていなかったので、「症候群」と名前が付けられたんだ。今では原因はHIV感染とわかっているけど、エイズという名前が人口に膾炙《かいしゃ》したので、「ま、そのままでええやん」と名前が残ったってわけ。

感染症と戦う抵抗力が弱ってしまう（不全）。それが先天的ではなく、後天的に起きる病気。これが後天性免疫不全症候群という長い言葉の意味だ。英語では、acquired immune deficiency syndromeという。頭文字をとって、AIDS、エイズと略す。

エイズが見つかったのは1981年だと言ったけど、見つかった国はアメリカ合衆国だった（実際にはエイズはもっと前から存在していたんだけど、その存在は認識されていなかった）。1981年にロサンゼルスの同性愛者が病気になる。原因はわからない。わからないから「症候群」と名づけ、すでに述べた理由からエイズと略して呼ぶようになった。

当時はエイズは男性同性愛者（当時はホモセクシャルを略してホモと呼んだ。侮蔑的な意味が込められていた）と麻薬中毒（正確には違法薬物依存）の人たちで多かった。だから、エイズは「ホモとヤク中」の病気と思われていた。

後にこれがＨＩＶによる感染症だとわかり、感染経路が血液（注射針を介した感染）と性行為《セックス》だということが判明した。アメリカでは、多くの違法薬物使用者は、同じ針を回し打ちにして違法薬物を注射していた。付着していた血液でＨＩＶに感染したんだ。同性愛者は性行為によってＨＩＶに感染した。

エイズは人類史上においては比較的新しく認識された病気だ。発見されたのが１９８１年だから、まだ三十年ちょっとの歴史しかない。しかし、アメリカで発見されたこの病気はどんどんと世界中に広がっていく。世界でエイズの存在しない国はほとんどない。世界中には３千万人以上のＨＩＶ感染者がいる。そのほとんどがセックスによる感染の広がりだ。セックスがいかに感染症を広げる「コミュニティー」の源泉になっているか、よくわかる。ＨＩＶ感染者の全てがエイズを発症しているわけではないし、今では非常によい治療法があってうまく治療できればエイズは発症しなくてすむ。にしても、すごい数だと思わないかい。

感染経路とは何か

エイズはセックスなどを介して感染する。セックスがエイズという感染症の主要な感染経路だ。

そこで、感染経路について少し説明しておこう。面倒くさいかもしれないけど、感染経路を理解せずに感染症を理解することは不可能だから、少し辛抱してほしい。

「感染経路」というのは、感染症の原因である病原体の通り道のことだ。

病原体は、人間の身体のなかで自然発生することはない。自然発生っていうのは、なんにもないところから「湧いてでたりはしない」ってことだ。「ドラゴンボール」の孫悟空は空中移動してパッと突然現れるけど、「ああいうこと」は感染症では起きないって説明をしたよね。

昔は男子が一人暮らしをしていると部屋がどんどん汚くなり、「男やもめにウジがわく」と言った。でも、本当はウジは「わかない」んだ。あれはどこからかハエがやってきて、卵をうみ、それが孵《かえ》ってウジになるだけだ。ま、そういうことだ。

「そんなことは当たり前じゃないか」と思う人もいるかもしれない。でも、想像してほしいんだけど、目に見えない微生物がどのように振る舞うかなんてわからないじゃないか。特に顕微鏡のない時代には「微生物」なんていう概念すら存在しなかった。「男やもめにウジはわかない」「微生物は自然発生しない」ことを突き止めたのは、パスツールという微生物学者だ。パスツールは不思議な形をしたフラスコのなかに肉汁を入れ、微生物が入ってこないような工夫をした。すると肉汁は腐敗しない。「腐敗」というのは微生物が起こす化学反応のことだ。パスツールが証明したのは、「微生物が入ってこなければ食べ物は腐敗しない」ということだ。缶詰や瓶詰が腐らないのも「中に微生物がおらず、外から微生物が入ってこない」環境を守っているからだ。みんながミカンやパイナップルやシーチキンの缶詰とか、ジャムの瓶詰めを楽しめるのもパスツールさんのおかげなんだ。

こんなことはアタリマエだと思うかい。でも、案外そうじゃない。21世紀の現在でも、パスツールの原則を理解しないと「トンデモ」にだまされる。

ネットで「ヤマザキパンは常温で放置していても何日もカビない。あれは怪しい添加物を使っているからだ」という噂《うわさ》が流れている。知ってるかな。

もちろん、噂はガセネタだ。間違っている。

ヤマザキパンがカビない理由は簡単だ。「そこにカビがいないから」だ。

ぼくもホームベーカリーを使って自家製パンを作る。朝ごはんに家族で食べるためだ。でも、数日で食べきってしまわないと、すぐにカビてしまう。特に夏場はカビやすい。

理由はうちのパンが添加物ゼロとか、そういう話ではない。たんにぼくの手が十分にきれいでなく、うちの台所がきちんと消毒されていないためだ。たいていの家の台所は無菌状態を保てていない。無菌にする必要もないからだ。

製造工程中の衛生技術に優れたヤマザキパンは無菌状態を保った工場で、きちんと消毒し、帽子や手袋、マスクを着用した職員が作る。だから、袋にパンが入るまでにカビが混入しない。「ただ、それだけ」なんだ。

なんとなく工場で作った添加物の入ったパンはよくないパン。自然じゃないからカビない。家で作った無添加のパンは「よい」パン。自然のものだからカビやすいみたいなイメージがあるけど、そんなの全くのデタラメ。ぼくらがいかに事実ではなくイメージでものを決めつけてしまうかの一例だ。これも観念論のひとつだな。だから、正しく勉強するって大事なんだよ。

ネットではよく「これってどういう意味？」とか質問すると「ググレカス」って返事が返ってくるよね。グーグルで検索すればすぐわかるよ、そんな質問すんな、って意味だ。と同時に、実はネット上はまことしやかなガセネタに満ちている。「ヤマザキパンがカビないのは怪しい添加物のせいだ」みたいなのが典型的なガセネタだ。検索ばかりしてネット情報だけを頼りにしていると本当にバカになってしまうよ。きちんとした情報収集、きちんとした科学的な情報分析能力がないと、ネット社会のガセネタにすぐだまされてしまう。

性とセックスに関する情報も怪しいインチキ情報に満ちている。例えば、女性が「感じやすい」と言われる膣前壁の「Ｇスポット」と呼ばれる部位がある。しかし、医学的な研究を徹底的に検証すると、このＧスポットの存在は確立されていないことがわかる。また、Ｇスポットが「存在しない」という非存在証明もなされていないんだ（*The Journal of Sexual Medicine.* 2012 Spring; 9(3):719-726)。だから、「女性の膣にはＧスポットがあって、そこを刺激すると女性は感じる」と説明するサイトも正しくなければ、「Gスポットなんて存在しない。そんなところを刺激しても女性は気持ちよくならない」という主張も妥当ではないってことになる。でも、そういう思い込みで断定的に主張するサイトはものすごく多い。

「ググレカス」ではなく、「ググルカス」にならないよう、注意が必要だ。

日本のエイズがMSMに多い理由

前述したようにかつて性的な「乱れ」がありながら、日本でHIV感染／エイズが流行してこなかったのは、そこに単にHIVがいなかったからだ。セックスの連鎖、コミュニティーにウイルスが入ってしまえば、（そして何も対策を取らなければ）そこに流行が起きるのは必然だ。

さて、日本のエイズは諸外国と異なり、患者のほとんどは男性の同性愛者……ぼくらが婉曲的《えんきょくてき》に men having sex with men, 略してMSM《エムエスエム》と呼んでいる人たちだ。

なぜかというと、MSMのなかにあるセックスのコミュニティーにHIVが入り込んでしまったためだ。幸か不幸か、ＭＳＭのセックスのコミュニティーと、男女間のセックスのコミュニティーは（全くとは言わないけれども）そんなにつながっていない。だから、日本では多数派を占める男女のセックスのコミュニティーではＨＩＶ感染の流行はまだ起きていない。もちろん、それはこれからも起きない、という保証を意味するものではないけれど。

１９８１年にエイズという病気が見つかった時、多くの人は「同性愛者である」ことや「麻薬中毒者」であること「そのもの」がエイズの原因と勘違いしていた。つまり、悪徳に対する罰である、という誤った解釈をしていたんだ（同性愛が「悪」であると解釈すれば、の話だけどね）。逆に、同性愛者でなく、麻薬も使っていない「まともな人間」だったら、エイズにはならないとも勘違いしていた。同性愛者でなく麻薬を使わない人が「まとも」かどうかは知らないけど、科学を無視してこういう偏見丸出しな考えに染まってしまう方が「まともじゃない」とぼくは思う。

科学的な考え方とか、理論的に考えるっていうとなんか七三に髪を分けた冷徹な人がメガネを「くいっ」とあげながら情を欠いた考え方をすることだと思ってないかい。それこそが理屈を無視した「イメージだけでものを決める」ってことなんだけど。

例えば、結核って感染症がある。みんなは知ってるかな。世界には70億くらいの人がいるけど、その3分の1は結核菌に感染している。日本は先進国でも結核の多い国だ。

結核の多くは肺に病気を起こす。咳《せき》で感染するので「感染経路」を遮断するために、病院の個室に隔離しないといけないことがある。現在ではよい治療薬があるから、多くの患者は薬を飲んでいれば結核菌は死に、肺から結核菌は出てこなくなり、人にはうつらなくなり、隔離室から早晩外に出られる。

でも、日本でも、海外でも、かつて結核患者は隔離の対象になっていなかった。普通にコミュニティーにいたんだ。他の人に結核がうつるのにね。

どうしてだろう。昔の医学知識が足りなかったからだろうか。

そうじゃない。結核がうつる病気であること、しかも咳を介してうつる病気だってことは昔からわかっていた。それなのに、患者はコミュニティーに放置され、感染の経路はそのまんまだったんだ。今と違って隔離室なんてものもなかった。

その最大の理由は結核に「よいイメージ」が伴っていたからだとぼくは思っている。

結核って昔から「滅びの美学」というか、美しいイメージがついてまわってきたんだ。トーマス・マンの『魔の山』は、結核患者が優雅に美味《おい》しいものを食べたり、踊ったり、文化文明を論じたりしながら死んでいく「滅びの美学」の小説だ。ちょっと難しくて長いから、読んだことない人がほとんどかもしれないね。ぼくも大学生になってから初めて読んだ。

宮崎駿《みやざきはやお》のアニメ映画「風立ちぬ」は観たことがある人も多いんじゃないかな。ゼロ戦開発時代の主人公の生き様と恋模様が描写された映画だ。ぼくはあの映画を観てとても感動した。映画でタバコを吸うシーンが多いって一部の医者が「けしからん」と怒っていたんだけど、そういう些末《さまつ》なシーンばかり目につくなんて、なんて「絵心」のないつまんない医者たちなんだろう、って呆《あき》れたよ。

実は、「風立ちぬ」ではもうひとつ医学的には問題な場面がある。それはヒロインの女性が主人公と接吻《キス》していることだ。察しの良い人は映画を観て気づいたと思うけど、夫婦になった2人はセックスもしている（はず）。

結核患者の呼気には結核菌が含まれているから、キスはものすごい感染のリスクを伴う。セックスそのものでは結核は感染しないけど、密着した環境下でたくさんの呼気が行き交う環境は、やはり結核感染のハイリスクを伴う。結核という病気の感染予防にはそういうことが間違いだったというのは当時でもわかっていたはずだ。でも、当時の衛生観念ではそれを厳密に行う雰囲気がなかったんだ。我々が科学ではなく、雰囲気でものを決めてしまう一例だと思う。

ぼくは、健康は大切だと思うけれど、「健康だけが人生のすべて」とは考えないタイプの医者だ。だから、主人公が愛する女性と（結核感染のリスクを顧みずに）キスしたりセックスしたりすることを少しも悪いと思わない。映画もそれを根拠に非難されるべきでもない。まあ、医学界でこの映画に嚙《か》みつくような人たちは「タバコの害」のことしか考えない原理主義的な反喫煙主義者たちだったから、たぶん結核のことは気づきもしなかったと思うけど。

いずれにしても、国内外問わず、当時致死的な病だった結核は審美的な、滅びの美学的な、情緒的な美しいイメージがつきまとっていたってことだ。そのイメージのために、医学的に必要だった隔離がなされてこなかった。

結核患者は見た目病人らしくない。いや女性などはむしろ、より美人に見えたりする（こともある）。本当のことだ。

有名なボッティチェッリの「ビーナスの誕生」という絵画がある。美術の教科書に多分載ってる、貝の上でヌードの女性が立っている、あれです。あの絵のモデルさんの名前はシモネッタさんという。ウソみたいなほんとうの話だ。

それはどうでもいいんだけど、シモネッタさんは結核にかかっていた。結核患者が美人になる、という一例だ。

結核患者は熱のために消耗して体重が減り、スリムになる。顔は蒼白《そうはく》で、透き通るような白い肌だ。頬は熱のために赤みが差している。病気のために眼球の周りの脂肪がとれて、眼が大きくぱっちりとして見える。その眼差しは病に疲れてウルウル、憂いを帯びている。美人に見えるわけだ。

結核患者はその感染性と致死性（今は「治る病気」だけど、昔は「死に至る」怖い病だった）にもかかわらず、そのポジティブな「イメージ」のために隔離の対象にならなかったんだ。ぼくはそう考えている。

医学における黒歴史——一貫性を欠いた結核とハンセン病対策

すでに述べたように、ぼくは、健康第一の健康至上主義者じゃない。健康よりも美のほうが大事だ、隔離される人生よりも寿命が縮まっても病気が広がっても自由に生きるほうを選ぶっていう考え方が存在することそのものは否定しない。まあ主治医としては結核患者は隔離して治療したいけど、「隔離はよくない」という見解そのものは全否定しない。自分と異なる見解の尊重は大切だ。

しかし、それは「隔離と健康よりも自由が大事」という価値観に一貫性がある場合だ。ぼくが許せないのは、人類がそのような価値観を一貫して持っていなかった、というダークな歴史だ。君たちにはその歴史のダークっぷりもぜひ学んでおいてほしい。

どういうことか。

結核は非常に感染力の高い病気だったのに隔離の対象になってこなかった。それなのに、結核のように空気感染もせず、他人への感染性が極めて低い感染症が歴史上長い間、隔離の対象になっていたんだ。

それが結核菌（*Mycobacterium tuberculosis*）と同じ抗酸菌に分類される感染症、ハンセン病（*Mycobacterium leprae*）の患者だ。

かつて「らい病」と呼ばれたハンセン病は、皮膚に病気を起こすため、その「見た目」が醜くなった。だから、隔離の対象になったんだ。そして差別の対象にもなった。

現在、「らい病」という呼称はいわゆる「差別語」となっており「使ってはいけない言葉」だ。差別の対象として使ってきた言葉だから差別語になるんだ。ＭＳＭを「ホモ」と呼んではいけないのと同じ理屈だ。差別語は、差別が生じるような、差別を助長するような言葉ってことだ。

１９８０年代のアメリカでは同性愛者はとても差別されている存在だった。アメリカは基本的にキリスト教社会で、そのキリスト教が同性愛を認めてこなかったからだ。これはカトリックもプロテスタントも同様だ。ちなみにキリスト教社会じゃなかった昔の日本は、同性愛にはずっと寛容だったんだよ。

前述のように、１９８０年代にはエイズを「同性愛者」「麻薬中毒」という「悪徳」

に対する罰であるかのように考える人もいた。こういうレッテルの貼り方をスティグマタイゼーション（stigmatization）と言う。事実ではなく、イメージで特定の人たちにいわれのないレッテルを貼る、最低の行為だ。

スティグマタイゼーションが常にそうであるように、エイズ＝悪徳説も、根も葉もないデマに過ぎない。

ＨＩＶのような病原微生物は悪徳とか善行には無関心だ。そこに感染経路が成立していれば、善人も悪人も等しく感染する。ＨＩＶは「よいセックス」とか「悪いセックス」といった善悪判断はしない。男女のセックスでもＨＩＶは感染する。女性同士のセックスでも感染しないわけではない（ただし、この感染は起こりにくい。体液の交換が少ないなど、女性同士のセックスはＨＩＶが感染しにくい理由があるからだ。これも生物学的な理由で、善悪判断とは全く無関係なことには留意しよう）。

ＨＩＶはセックスで感染する。でも、逆にセックス以外の人と人との交流では感染しない。生殖器から分泌される体液で感染するけど、唾液（つばやよだれ）や汗、涙などからはＨＩＶは感染しない。だから、感染者と手を握ったり、キスをしたりするだけでは（出血してなければ）ＨＩＶは感染しない。ぼくがＨＩＶ患者さんを診察する時も、素手で診察する。

感染症の「怖いところ」を理解するのは大切だ。同様に「ここは怖くない」というところを理解するのも等しく大切だ。

その理解がないと、徒《いたずら》に怖がってパニックになってしまい、できることもできなくなってしまう。

ＨＩＶ感染者と一般的な人間関係を結ぶことは全然難しくない。学校での勉強も、会社での仕事も、たいていのスポーツも問題ない。恋をすることだってできる。後述するようにコンドームなどを活用すればセックスだってできる。

先日、ある学校にＨＩＶ感染のある子どもが転校してくるというので「医学的にどのような配慮が必要でしょうか」と質問されたんだ。「医学的には特別な配慮は何ひとつ必要ありません。いじめや差別が生じないよう、教育的な配慮を十二分にお願いします」とぼくは答えた。

感染症対策では、感染経路を理解しなければならない。感染経路を遮断するのが効果的な対策だ。遮断の必要のない活動については気にしない、という態度も重要だ。学校での生活にはＨＩＶ感染を気にするような経路は（ほぼ）存在しない。まあ、揚げ足をとるような例外事項を想定するならば、出血した時の扱いには配慮が必要だが、その配慮の仕方はＨＩＶ感染がない子どもで必要な配慮と全く同じだ。だから「特別な配慮」は要らない。

しかし、現実には人間は案外愚かだ。「見た目の美醜」といった全く関係ない根拠から患者を隔離するとか、しないとかを決めてしまったようにＨＩＶ陽性だ、というだけでパニクってしまい、「うちには患者専用の部屋やベッドがありません」といって診療を拒否するケシカラン病院は日本に少なくない。

彼らがやっているのは医学的、科学的判断ではない。単なる差別と偏見からくるイジメである。頭がよいと思われている医者でも、案外アタマは悪い。

このような非科学的な迷信を廃するためにも教育は大事だ。「その場の雰囲気」「見た目」「イメージ」で感染症の対応、対策を決めてはいけない。科学的な考え方、論理的な思考を軽蔑してはいけない。「科学よりもまごころが大事だ」なんて耳に心地よいスローガンばかり唱えていると、まごころ的にも許容しがたい残酷な判断を容易にしてしまうのが、人間の愚かなところである。まごころを大切にしたい、人に情を尽くしたいと思うのだったら、なおさら科学的に、論理的にものを考えることが必要だ。

そして、そのようなリアルでロジカルな思考法を教えるのも、学校教育の重要な役割だ。よって、「生き延びるために」必要な性教育も偏見や臆見（思い込み）を廃し、科学的、論理的に行う必要がある。それがほんとうの意味で「情のある」教育というものだ。

日本で性の「乱れ」があるにもかかわらずＨＩＶ感染が流行してこなかったのも、現在日本でＨＩＶ感染が増えており、そのほとんどがＭＳＭに起きていることも、ヤマザキパンがカビないのも全部、百年以上前にパスツールが看破した「微生物は自然発生しない」――「感染経路が必要だ」という知識の応用に過ぎない。逆に、パスツールの発見を応用すれば、男女間のセックスのコミュニティーでＨＩＶ感染の流行が起きない、という予測にさしたる根拠がないこともすぐにわかる。

よって流行が今後も起きないようにするためには工夫と対策が必要になる。そのなかでもっともパワフルな対策が性教育ってわけだ。論理的、かつ科学的、そして効果的な性教育だ。

性感染症とはどういうものか

ここでいろいろな性感染症について学んでおこう。エイズも性感染症だけど、エイズだけが性感染症じゃない。

性感染症（sexually transmitted diseases, STD）はセックスによって感染する感染症だ。STDは大きく分けると二つに分けられる。「生殖器に病気を起こすもの」と、「生殖器に病気を起こさないもの」だ。

生殖器というのは、男性であればペニスや陰嚢《いんのう》・精巣など、女性であれば大陰唇、小陰唇、クリトリス、膣、子宮、卵管、卵巣といったところを差す。

一般的な言い方で言えば、男性の生殖器はおちんちんとキンタマであり、女性の場合は（外部から見えない子宮や卵巣などを除けば）「アソコ」と称される場合が多い。「おまんこ」とか言うこともある。

生殖器に病気を起こすものには、ヘルペス、クラミジア、トリコモナス、淋菌《りんきん》、パピローマウイルスなどがある。生殖器に潰瘍（皮膚に浅い穴があくような病気）ができたり、膿《うみ》が出たり、痒《かゆ》かったり、痛かったり、いぼができたりする。

本人も「アソコ」に異常があるから、これは性感染症かな、とすぐに気づくタイプで、「性病科」「泌尿器科」「婦人科」などを受診して治療を受けるケースが多い。もっとも、すでに述べたクラミジアは、女性では不顕性感染といって全く症状がでないことも多い。気づかないまま他の人にうつしてしまう。ＳＴＤは男性と女性では異なる振る舞いをすることが多い。もちろん、これは生物学的に（たまたま偶然）そうなのであり、ＳＴＤを起こす微生物自身は男女の違いなんて概念は持ち合わせていない。

生殖器には病気を起こさず、全身の病気を起こすのは、Ｂ型肝炎、Ｃ型肝炎、ＨＩＶなどだ。

ＨＩＶがＳＴＤだというのはよく知られているけど、男性のペニスにも女性の生殖器にも病気が起きない、という事実を知らない人は案外多い。ぼくの外来にも「風俗に行ったあとでペニスが痒い。エイズじゃないか」みたいな相談しにくる患者さんは多い。

Ｂ型肝炎やＣ型肝炎がセックスで感染するという事実すら知らない人は多いんじゃないかな。Ｂ型肝炎もＣ型肝炎もウイルスが起こす病気で、その点エイズと同じだ。もちろん、いずれもセックス以外にも感染経路がある。エボラやジカ熱と同じだね。けれども、セックスが重要な感染経路だというのは事実だし、多くの人はそれを知らずに感染を広げている。残念ながら医者ですらその事実を知らないことは多く、急性肝炎の患者を見ても他の性感染症の検査を忘れていたり、患者の性行動を確認していなかったりする。病気の見逃しや、将来の感染症予防の失敗につながっている。

あと、梅毒《ばいどく》トレポネーマという細菌は梅毒の原因だけど、生殖器にも全身にも症状を起こすのが特徴だ。そういう意味では梅毒は「特殊なＳＴＤ」といえる。

減っている性感染症

実は多くの性感染症は現在、日本で減少傾向だ。

淋病は淋菌（*Neisseria gonorrhoeae*）という細菌が原因の感染症だ。男性に多い、ペニスから膿が出てくる病気だ。一定の医療機関から定点報告がされている。一番報告が多かったのが２００２年で、男性が２万１９２１人、女性が１万７５９１人だった（あくまで定点報告なので、実際にはこれ以上いることには要注意）。

これが２０１４年には男性９８０５人、女性７７１０人と半数以下になっている（厚生労働省データ。以下同様）。

性器クラミジアは逆に女性に多い感染症だという話はしたよね。生殖器の炎症を起こすが、ほとんどの感染者は無症状なのが特徴だった。しかし、密かに炎症を生殖器に広げて不妊の原因になることがあるのが問題だ。性器クラミジアは２００２年には男性１万８２８４人、女性２万５４８２人の定点報告があったが、２０１４年には男性１万１９３６人、女性１万３０２４人と減少している。

ヘルペスは陰部に水ぶくれや潰瘍を起こす。とにかく痛いのが特徴の病気で患者はつらそうだ。これは２００６年において報告数が最多で、男性４３１１人、女性６１３６人だった。こちらも２０１４年には男性３２９３人、女性５３６０人と若干減っている。

尖圭《せんけい》コンジローマはパピローマウイルスというウイルスが起こす、陰部に「いぼ」を起こす病気だ。

パピローマウイルスにはいろいろな種類があって、「いぼ」を起こすタイプと、「がん」を起こすタイプがあり、両者は同じではない。つまり「いぼ」を起こすパピローマウイルスは「がん」を起こさず、「がん」を起こすパピローマウイルスは「いぼ」の原因にならない。「がん」の原因になるパピローマウイルスは女性の子宮頸《しきゅうけい》がんや、男女の肛門《こうもん》がん（アナルセックスという肛門に行うセックスが原因になります）の原因になる。がんの多くは「感染症」なのだ。B型肝炎やC型肝炎も肝臓がんの原因だ。感染症としてのがんなのだ。

さて、その尖圭コンジローマ（つまり「いぼ」）は2006年が最多報告数で、男性3795人、女性2998人だった。2014年には男性3345人、女性2342人とわずかだけど減っている。

ちなみに、子宮頸がんの発生数は毎年1万人前後で大きな増加や減少は起きていない（独立行政法人国立がん研究センターがん対策情報センター「がん情報サービス」〈ganjoho.jp〉による）。がんの発生はパピローマウイルスの感染から何年という時間がかかるから、もしかしたら数年先にはこの病気も減るかもしれない（減ってくれるとよいな、と思っている）。

パピローマウイルス感染症には予防のためのワクチンがある。日本には2種類のワクチンがある。「がん」だけを予防するワクチンと、「がん」と「いぼ」を予防するワクチンだ。このワクチンが普及すればさらに日本の子宮頸がんは減ることが期待されている。でも、このワクチンへの副作用への懸念から本書執筆時点では厚生労働省はパピローマウイルスのワクチンを積極的には勧めていない。確かに副作用は問題だけど、ワクチンの効果で得られる利益のほうがずっと大きいであろうことがデータの解析からわかっている。もちろん、「ワクチンの副作用のほうががんより怖い」という人もいるかもしれない。そういう人の意見もぼくは否定しない。でも、厚生労働省がデータを根拠として理論的に、理性的に判断できないのはダメだろう、と思う。

梅毒のように近年増加しているものもある。この原因については諸説あるが、現時点では正確な理由はよくわからない（国立感染症研究所　http://www.nih.go.jp/niid/ja/syphilis-m/syphilis-idwrc/5228-idwrc-1447.html　閲覧日　２０１５年11月11日）。

このようにＳＴＤ全てが同じ推移をとっているわけではない。増えているもの、減っ

主な性感染症の病原体一覧

生殖器に病気を起こすもの	単純ヘルペスウイルス クラミジア トリコモナス 淋菌 ヒトパピローマウイルス
生殖器に病気を起こさず全身に病気を起こすもの	HIV B型肝炎ウイルス C型肝炎ウイルス
生殖器および全身に病気を起こすもの	梅毒トレポネーマ

注：性感染症は他にもあるが、特に日本で重要視すべきものを列記した。「生殖器に病気を起こす」に分類された病原体が生殖器以外に病気を起こすこともある。しかし、議論が専門的になりすぎるため、ここでは割愛した。

ているもの、あまり変わっていないものがある。ただ、全体的には日本の性感染症＝STDは減少傾向にあるといってよいだろう。

性器クラミジアについて説明した時、日本の高校生の性は（俗な言い方をするならば）「乱れている」と説明した。でも、そのクラミジアを含め、日本では多くのSTDが減少している。結局、乱れているの？乱れてないの？　こう疑問に思う読者もいるかもしれない。もっともな疑問だ。このことについてはもう少し後で説明する。でも、その前にもう少し基本的な問題と取っ組み合っておこう。

つまり、そもそも「性」とは何か、ってことだ。

［コラム1］ 異論百出の性教育

もともと日本では、学校教育において性教育はほとんど行われてこなかった。

小学校では女子だけが体育館や保健室に集められて月経指導を受けていたけど、男子は何も教わらない。中学校や高校では保健体育の時間に男女の体の違いや第二次性徴について「生物学的に」学ぶ。でも、具体的な性やセックスについてはまったくゼロ教育だった。

ところが、1989年に学習指導要領の改訂が行われ、それを受けて1992年から性教育が学校でも行われるようになった。この年を「性教育元年」なんて呼ぶ。小学校で「保健」の授業が行われるようになり、男女いっしょに「からだの変化」「月経」「射精」などについて学ぶようになった。

なぜ、89年に学習指導要領が変わったかというと、この時期に「エイズパニック」が起きたからだ。今まで日本になかったエイズが見つかってみんな取り乱したんだ。エイズは性感染症であり、セックスによって感染する。だから、「性教育を推進させなければ」という雰囲気が高まったんだ。

ところが、2002年になって保守派による「性教育バッシング」が起きるようになる。「行き過ぎの性教育」を糾弾するグループが現れた。

例えば、2005年、参議院予算委員会において、ある議員がこう述べている。

「これは、吹田市《すいたし》の小学校一、二年生用、教育委員会が発行している性教育の副教材でございます。上から四行目、「お父さんは、ぺニスを　お母さんの　ワギナにくっつけて　せいしが外に出ないようにしてとどけます。」と書いてございます。（中略）こんな教科書を子供たちに読ませている。許せない」

（文科省議事録より　http://www.mext.go.jp/b_menu/shingi/chukyo/chukyo3/022/siryo/05071304/s003.htm）

このように、「行き過ぎた」性教育がよくないのだ、という糾弾が起きるようになった。「ペニス」とか「ワギナ」といった性器の用語を教えるのがけしからん、セックスについて具体的に教えるのがけしからん、あるいはコンドームのような避妊具について教えるのがけしからん、という反対派がでてきた。「性教育を行うと、逆説的に性に対してアクティブになってしまい、かえってリスクが増してしまうからだ」という、いわゆる「寝た子を起こすな」という意見もでてきた。

みんなはどう思うだろう。性教育において、どのへんが「行き過ぎ」で、どのへんがそうでないいんだろう。

それを知るには、ひとつの仮想実験をしてみればいい。「じゃ、性教育が全く行われなくても、セックスに関するリスクは回避できるのか？」という仮説だ。この仮説が正しければ、性教育なんてなくたって構わない、という話になる。

二時間目　中高生はセックスをしてよいのか？——性って何だろう

性とは何か

では、まず「性」とは何か。簡単に振り返ってみよう。

「性」とは性別、つまり男女の別のことである。英語ではｓｅｘという。これは性行為、すなわちセックスのことも意味する。もうひとつ、ジェンダー（gender）という言葉もあるんだけれど、この言葉はさしあたって知らなくてもかまわない。専門用語に精通しなくても、君たちにとって大切なコンセプト（つまり、学ばねばならないこと）が理解できればそれでよいからだ。

世の中には男と女がいる。人間だけでなく、多くの動物は男女（雌雄）に分かれている。そして、子孫を残すためにセックスをする。男が自分の勃起したペニスを女の性器に挿入し、精子の入った精液を出す。女性器には卵巣があり、卵巣は卵子を出してこれが精子といっしょになり、受精卵になり、それがゆくゆくは赤ん坊になって生まれてくる。

しかし、ぼくらはこのような妊娠、出産だけを目的にセックスをするわけではない。ぼくらには性欲という欲望があり、それは男性が女性とセックスしたい、あるいは女性が男性とセックスしたい、という欲望だ。

多くの場合、そのような性欲が先に立ち、妊娠・出産は「結果」となって生じるものだ。妊娠・出産を「目的」として性欲を「手段」として活用することもあるけれども、おそらくはそういうのは少数派に属する。

ところで、世の中には同性愛者と呼ばれる人もいる。男性が男性を、女性が女性を愛するのが同性愛だ。この時、男性が男性と、女性が女性とセックスすることもある。

手元の辞書(大辞林)には「セックス」の説明として「性交すること」とあり、「性交」の説明として「男女が性的交わりをすること」と説明しているけれど、必ずしもこれは正確な説明ではない。「男女」でないセックスもあるからだ。

このように、「性」のあり方についてはいろいろなパターンがある。一口に「こうだ」

とまとめてしまうことは難しいし、時に危険ですらある。難しい言い方をすれば、「多様性」がある。要するに「性」のあり方とは「生き方」の一バリエーションなんだ。人の生き方にはいろいろあるわけで、「性」のあり方も多種多様だ。算数みたいな「正しい答え」をひとつだけ求めるのが難しいのはそのためだ。だから「疑う」「問う」「悩む」といった、（高校までの）算数・数学とは異なる勉強の仕方が必要になる。

性教育とは「性」を教える教育のことだ。「性」とは男女の性別のことであり、かつセックスのことである。では、その性とセックスを学校でどう教えたらよいのだろう。多分、算数／数学を教えるようには教えられない。

これはけっこう面倒くさい問題なんだ。

セックスに関連したリスクとは

セックスに関係したリスクは先に挙げた感染症だけじゃない。他のリスクについても理解しておかなきゃいけない。

それは例えば次のようなリスクだ。

・（望まない）妊娠のリスク
・社会的なリスク
・メンタルなリスク
・お金のリスク

では、ひとつひとつのリスクについて説明しよう。ただし、望まない妊娠のリスクは特に大事なのであとで長めに説明する。ここでは他のリスクについて簡単に説明しておきたい。

「社会的なリスク」というのはセックス、妊娠をきっかけに望まない結婚を強いられたり、逆に不倫などで結婚生活がうまくいかなくなってしまう、といったリスクだ。そこには、いろいろな「お金のリスク」も付いて回る。結婚にも不倫にも、あるいはその結果生じる離婚や争いごとにもお金がかかるからだ。

セックスの強要（レイプ）は犯罪だ。もちろんレイプは許されない。

レイプの被害者は、時に物理的な、多くは精神的なトラウマ（外傷）をうける。こういうリスクが「メンタルなリスク」の一例だ。

ただし、ぼくは性教育の授業でこうしたリスクについてあまり詳しく説明しない。

一番大きな理由は「時間がない」というものだけど、生々しすぎてびっくりしてしまう人が多いという理由もある。それに、望まない結婚とかレイプとか虐待とか、そういうネガティブな話があまり強くなると、セックスそのものを全否定するという雰囲気も出てきかねない。それはそれで問題だ。理由は後で述べる。

ただ、メンタルなリスクとか、社会的なリスクとか、お金のリスクは大事な問題で、無視することはできない。さらりとだけど、きちんとその問題については言及する。授業で一般的に扱わないけど、個別の事例には当然、丁寧に（そして慎重に）対応する。

ぼくの場合、性教育の授業で大きく扱うリスクは「（望まない）妊娠のリスク」と「感染症のリスク」の二つだ。これがもっとも遭遇しやすいリスクで、中学生や高校生にもイメージしてもらいやすいリスクでもある。

さて、望まない妊娠のリスクをここで説明しよう。

妊娠、出産には母体、そして子どもに対する健康リスクを伴う。

妊娠自体は「病気」ではない。痛いとか苦しいとかの経験はあっても基本的には健康な人の生活上のプロセスだ。これが医学上のコンセンサスだ（本当にそうなのか？　という鋭い疑問をお持ちの方は、拙著『思考としての感染症　思想としての感染症』〈中外医学社〉を御覧ください）。

しかし、妊娠をきっかけに病気になることはある。子宮外妊娠や出血、妊娠に伴う高血圧や高血糖など、いろいろな病気の原因になる。時にこうした病気のせいで出産自体がうまくいかなくなることもある。母体や生まれてくる子どもの生命が脅かされることもある。案外、妊娠とはリスクを伴うものなのだ。

子どもが健康に出産するのは「当たり前」のことではない。昔は流産や死産も珍しくはなかった。近年の産科診療の進歩で日本の新生児死亡率はものすごく低くなったけれども、だからといって安全な出産が保証されているわけではない。そういう意味でも軽々しい気持ちで妊娠したり、出産すべきではない。人工妊娠中絶という手技だってリスクを伴うんだ。中絶で子宮やその周りの臓器に傷がつくことも、（しょっちゅうではないが）皆無ではない。

出産する心の準備ができていない時、育児の費用が足りない時も、妊娠はメンタル面での、あるいは貧困のリスクにもなる。高齢出産のリスクがよく議論されるけど、若年者の出産にもいろいろなリスクが絡んでくる。それは医学的なリスクであり、あるいは医学の外にあるリスクでもある。

またもし、出産を望まず人工妊娠中絶を選択した場合は、母体に負担にもなるだけでなく、心の傷を受ける人だって少なくない。

厚生労働省の「衛生行政報告例」によると、2013年の人口妊娠中絶数は18万6253件。人工妊娠中絶がピークだった1950年代には毎年100万件以上の人工妊娠中絶が行われていたから、昔に比べると激減していることがわかる。

それでも、少なくとも毎年20万件近くの「望まれない妊娠」が起きているという事実は、知っておいたほうがよい。この数は（たとえ昔に比べればましだとはいえ）もっともっと改善すべきだ。

アメリカのようなキリスト教社会では、人工妊娠中絶は殺人である、と強固に反対するグループと、人工妊娠中絶は女性の権利である、と賛成するグループにまっ二つに別れている。前者をpro-lifeといい、後者をpro-choiceという。

proとは「～に賛成する」という意味。「生命」をより重視するか、「選択肢」を重視するか、という見解の相違だ。アメリカでは選挙の時なども、立候補者はpro-lifeなのかpro-choiceなのか表明を迫られ、有権者の支持率に大きく影響することもある。

pro-lifeとpro-choiceのどちらが正しいのかは難しい問題だ。しかし、いずれの立場を取るにしても、「望まない妊娠」が少ないほうがよい、という事実には変わりない。Pro-choiceの人たちだって、妊娠中絶を望ましいと考えているわけではなく、次善の策として推奨しているだけだ。出産につながるような妊娠だけが起きることがpro-life、pro-choice双方にとって理想的な姿なのだから。

さて、次にくるのは「どうすれば望まない妊娠を避けることができるのか」という問題だ。

その問題を解決するためには、「どうしたら妊娠するのか」「どうやったらその妊娠を回避できるのか」を学ばなければならない。大切なのは明確な目的の設定、そしてそのあとで、その目的を達成するための手段を考えることだ。最初に手段から議論すると、間違える。

「生き延びるための知恵」に関する場合、生殖、妊娠、出産とその周辺のリスクを無視していては、安全に生き延びていくチャンスは減じていく。妊娠に関する「正しい知識」は必要だ、という結論は必然的に導き出される。パートナーのいる男性だって例外ではない。性教育の必然性はここでも明白だ。

では、性教育が教える、セックスにまつわるリスク回避方法とは何か。

セックスのリスク、その回避方法

セックスにまつわるリスクを回避する方法はいくつもある。

例えば、（望まない）妊娠のリスクを回避する方法。これもたくさんあるんだけど、日本でよくある方法は二つに絞ってよいと思う。コンドームとピル（経口避妊薬）だ。

コンドームもピルも、妊娠を回避するには有効な手段だ。適切に使用していれば、コンドームは98％程度の確率で、ピルなら99％以上、妊娠を回避してくれる（ARHPリプロダクティブ・ヘルス専門家協会より。http://www.arhp.org/Publications-and-Resources/Patient-Resources/Fact-Sheets/Male-Condom　http://www.arhp.org/publications-and-resources/patient-resources/fact-sheets/successful-contraception　閲覧日　2016年7月4日）。膣外《ちつがい》射精とか、リズム法（基礎体温を測定する方法）なんかは、正確性に問題があり、失敗のリスクが高いから、妊娠回避の方法としてはおすすめしない。ネットで探すと他にもいろいろ「妊娠しない方法」が出てくるけど、たいていはガセネタだ。信用しないほうがよい。ググれば正しい情報が得られる、というナイーブな（ここではウブでだまされやすい、という意味）考え方は捨てなければならない。

「感染症のリスク」を減らす方法としてもコンドームは有効だ。コンドームは感染症と妊娠、両者のリスクを回避してくれる。だから、授業でも「ちゃんとコンドームを着けましょう」ということになる。コンドームの正しい使用方法を教えるのも、そのためだ。

日本で行われている避妊法のほとんどがコンドームだ。土田陽子によると、高校生の避妊方法はほとんどがコンドームだった（男子92・3％、女子96・9％、2011年）。ピルは1、2パーセントに過ぎない（土田、「高校生・大学生の避妊に関する意識と行動」より)。外国では用いられているペッサリーやゼリーは極めて少数派だ。

「生き延びるためのスキル」を身につけるための性教育において、妊娠にまつわるリスクと感染症のリスクを学ぶことは必然だ。そのリスクを回避するためのツールとして、コンドームとピルについて学ぶのも必然だ。ここでも、「どこまで教えるのか」という問いに対する答えは、「なぜ教えるのか」という問いから逆算すれば、簡単にわかる。

だから、ぼくが性教育の授業をやるなら、(その時間のなさもあって) コンドームを基本として、それからピルについても情報提供して、「感染症のリスク」と「(望まない) 妊娠のリスク」を回避するよう、お話ししている。

高校生では女子の2割、男子の1割がセックスを経験している。中学生でもクラスで一、二人くらいの割合でセックスを経験している。これが現実だ。彼らが全く無知なままで、セックスにまつわるリスクにさらされるのを、我々大人は許容してはいけない。

ところで小学生にも性教育は提供される。ぼくもまだやったことはないけれど。

彼らのほとんどは、まだセックスデビュー前だ。もちろん、いろいろな例外は想定できるけれど、それは例えば性犯罪のような、自分の「知識」でどうこうできない問題の可能性が高い。「知らないおじさんにはついていくな」「暴力やいじめからは、とにかく逃げろ」といった一般的な「生き延びるための」教育に換言されるべき問題だ。

よって、基本的には感染症や望まない妊娠のリスクは差し迫ったものではない。したがって、小学生にコンドームについて教える必要性、必然性は(比較的)高くない、という結論に至る。

コンドーム教育の是非はこのように「何が目的で、その教育が何をもたらすのか」といったリアルな観点から決めなければならない。机上の空論、観念論で決めてはいけないし、ましてや個々人の思い入れや思い込みで決めるのはもってのほかだ。

もしぼくが小学生に性教育をやるのならば、小学生に「生き延びるために」必要な性教育を教えたい。「人前では裸にならないように」とか「男女は着替えやトイレの場所が違うんだよ(後述するLGBTの問題があるので、必ずしも一般化できないけれど)」とか「知らない人についていかないように(危ないから)」、「生理とその対応法」といった生活に直結した実際的なメッセージや、安全面のメッセージが主になるだろう。あるいは、後述するようなプライベート・パートに関する教育をするだろう。

性教育をやれば「寝た子を起こす」というのは、事実に基づかないナイーブな臆見だ。かといって「なんでもかんでも提供すればよい」という逆向きの極論も間違っているとぼくは思う。

ブリティッシュ・コロンビア大学で経済学を教えるマリナ・アドシェイドの『セックスと恋愛の経済学』によると学校にコンドームを置くような措置をとると十代の妊娠が増えるのだという。短期的には避妊効果のあるコンドームも、長期的には活発化された性活動のため、純血喪失というロスの意味や価値が下がってしまうためなのだとか。「純血喪失というロスの意味や価値」ってなんだかわかりづらいかもしれないけれど、要するに女性が処女であるのが素晴らしいみたいな価値が下がるってことだ。それが良いか悪いかは別にして。男子が童貞なのはたいてい褒め言葉にはならないから、こういう言い方、女子は気分よくないかもしれないね。ぼくもその見解は否定しない。

ただ、ここでの話のポイントはそうじゃない。「情報提供すれば、「寝た子を起こす」」というのは根拠のないナイーブな考え方なんだけど、かといって「情報提供はすればするほどよい」というのもやっぱりナイーブな発想だ、ということだ。なんでもやり過ぎはよくない。過ぎたるは及ばざるが如《ごと》しってことだね。

セックスについて小学生に教えたとしても、それがリアリティーのない、観念的な知識教育だけだとぼやけた教育になり、効果は低い。「生き延びるため」に役に立たなければ、単に知識が多いだけの「物知り」になるだけだ。それじゃ、意味がない。

だから、「目的から逆算する」と小学生にコンドームの教育は必ずしも必須ではないとぼくは思う。

こういう時は観念論、机上の空論はだめだ。「教える」「教えない」といったイデオロギーとか「立場」に陥ってもだめだ。真摯に子どもたちが「生き延びる」のにどのくらい役に立つか、っていうリアルで地に足の着いた考え方だけが重要なんだよね。

性教育にコンドームが必要な理由

さて、ここでコンドームについてもう少し考えてみる。よく性教育で議論されることが多いからだ。

コンドームを使えば、ほとんどのＳＴＤは予防できる。ＨＩＶ感染予防の最大の武器のひとつもコンドームだ。

もっとも、コンドームも使い方を間違えていたり、破れたりしたらSTDの予防はできない。コンドームは完璧な手段とも言えず、ちゃんと着用していても感染するSTDもある。ヘルペスとかがその一例だ。ヘルペスはコンドームがカバーするペニス以外の皮膚に病気を起こすことの多いウイルスだ。男性ならペニスの付け根の陰毛が生えているところとか、キンタマの入っている陰嚢《いんのう》、女性ならコンドームで遮断されない大陰唇などに発疹《ほっしん》が出る。とはいえ、そのヘルペスだってコンドームをちゃんと着用していればリスクはずっと小さくなるから、「ヘルペスにはコンドームは無意味」ってわけではないよ。

自動車事故の被害を減らすためにシートベルトの着用は必須だ。とはいえ、シートベルトが事故のリスクを完全にゼロにしてくれるわけではない。しかし、だからシートベルトについて教えるなんて無意味だ、という暴言もナンセンスだ。

ほとんどのリスクは完全にはゼロにはできない。リスクはゼロでなければだめだ、という観念論、机上の空論を「ゼロリスク信仰」とぼくは呼んでいる。実質性のない空論だ。そして「生き延びるための」教育に実質を伴わない空論くらい意味のないものはない。

というわけで、コンドームについてきちんと教育するのは性教育において極めて重要だ。必然である、と言ってもよい。コンドームなしで性教育を完遂するのは不可能だ。

それなのに、今でも「授業でコンドームという言葉は使わないでください」と担任の先生や校長先生に釘《くぎ》を刺されることがある。いったいなんのための性教育なのか、理解していないからこのようなヘンテコな要請が生じる。

実は文部科学省の学習指導要領にも「感染を予防するには性的接触をしないこと、コンドームを使うことなどが有効であることにも触れるようにする」と記載がある（中学校）。

ところが、である。「学習指導要領にも記載があるのだから、コンドームについて言及してもよい」という話になる一方で、「文科省はそう言っているかもしれないが、実際にコンドームを出して使い方を教えるのは行き過ぎだ」という意見は根強い。「コンドームの着け方、性器がついた人形を使った性教育は、明らかに学習指導要領を逸脱している」と批判する国会議員もいる。

もちろん、コンドームの着け方を教えるのは学習指導要領を逸脱していない。また、学習指導要領とは無関係に性教育的には正しいアプローチであり、必然ですらある。

今から、その根拠を述べる。

「生き延びるための技術」を教えるためには、具体的な方法、技術を教えなければならない。シートベルトという概念を教えても、その着け方を教えなければ、意味がないでしょ。コンドームという言葉を聞いても、それがどういうもので、どのように用いるかがわからなければ、「生き延びるための」教育にはなりえない。

それだけじゃない。コンドームの着け方を教えるだけでも、不十分だ。それをちゃんとセックスの時には着用する必要を、その理由を教えなければならない。

まだある。コンドームが必要な根拠をただ「知識」として伝えても不十分だ。それが「本当に着用しなくちゃ」とみんなに本気でナットク、実践に移してもらえなければ、意味がない。

コンドームは勃起したペニスに装着しなければならない。包茎の人は亀頭をきちんと出して、陰毛が絡みつかないようにしておく。裏表を間違えないようにすることが大事だ。スルスルとペニスを伝って下ろせれば表裏は間違えていない。最近はどちらが表か（女性側か）明示しているコンドームもある。先っぽの空気を抜いて根元まで下げていく。失敗したらそのコンドームはあきらめ、別のコンドームを使うのが大事だ。というわけでコンドームはひとつ以上持っていた方がよい。

と口で説明してもあまり伝わらないよね。最近は便利になってYouTubeで情報を得ることができる。「コンドームの達人」として有名な岩室紳也《いわむろしんや》先生が動画で説明しているから、一度見てみてほしい。もっとも「爪は必ず切ってヤスリもかけておくように」と「そこまでやるかなあ」と感じる部分もなくはないけど（https://www.youtube.com/watch?v=mHHRgFfGnzA YouTubeで「岩室、コンドーム」で検索したほうが速い）。まあ、ネット情報でも信頼できる情報は当然あって、岩室先生のは信用してもよい情報だ。

KAPという言葉がある。knowledge（知識）、attitude（態度）、practice（実践）のことだ。

哲学者のヘーゲルは、人間が理性的に判断すれば、その判断に基づいて理性的に行動できると考えていたそうだ。

でも、現実には人間はそんなに理性的じゃない。知識（K）、態度（A）、実践（P）はピタリと噛《か》み合ってはいない。

知識があっても態度にうつれない。態度を示しても、実際にはやらない。「わかっちゃいるけど、やめられない」というやつだ。勉強しなきゃ、と思ってもできない、「やるぞ」と思っていても「やらない」。こういう経験はないだろうか。ぼくには山ほどある。

コンドームが避妊や感染症の予防に重要だと知識でわかっていても、それだけでは不十分だ。「着用するぞ」「着用してもらうぞ」と思っていても、「彼氏がいやだというから」なんて理由でコンドームをあきらめる人だって多い。「コンドームしないんだったら、セックスはしない」ときちんと断る力も必要だ。

もちろん、知識は大事だ。でも、知識だけじゃダメだ。それが性教育という「生き延びるための」教育のポイントだ。授業の後の知識テストだけでは評価できないのも、そのためだ。

「でも、リスクを回避するだけだったら、要するにセックスしなければいいんじゃないですか？」

そういう指摘もあるかもしれない。こう思ったあなたはとても偉い。それはとても良い質問だからだ。

「コンドームの着け方を教えるにしても、性器のついた人形を使わなくたってよいのでは？」

これも鋭い。実に良い質問だと思う。

こうした質問はぼくももっともだと思う。なので、この問題は本書の後のほうで取り扱うことにする。もう少し辛抱して待っていてほしい。今は他の議論をしなければならないから。

いずれにしても、性教育がなぜ行われなければならないかを考えれば、コンドームについて教えるのは当然だ。コンドームという名前だけを伝え、知識を伝授するだけでは不十分だ。ちゃんとコンドームがどういうもので、どのように用い、どのように用いてはいけないかをリアルに教えなければ性教育の目的は果たせない。

それは目的から逆算すれば当然の帰結であり、必然なのだ。

ところで、避妊においてコンドームの重要性を強調すると、ときどき叱られることがある。ピルのほうが大事だ、と言われるのだ。逆に、ピルの重要性を説明すると「そんなのコンドームがあるから」と言われる。

ピルが日本で避妊目的で使用されるようになったのは1999年だ。その頃はヒステリックなピル反対派が多かった。逆に、「バイアグラ（勃起不全の治療薬）ばっかり認可してピルを認めないのはけしからん」みたいな男女間の代理闘争の「ネタ」にされることもあった。今となってはバカバカしい話だ。年長者は判で押したように「昔の日本人は偉かった、最近の若い奴らは」と苦言を呈すけど、昔の日本人だってわりとヒステリックで、そして賢くなかったわけだ。

コンドームが重要だ、ということとピルが大切だ、ということは全く矛盾しない。両者に対立構造なんて少しもない。なんとならば、「両方使えばOK」だ。あるいは好きなほうを選択するのも、ありだ。

コンドームは重要だし有用だが、完璧ではない。たいていのものやことがそうであるように。コンドームが使用中に破れたり着け損なったりして妊娠してしまうことはある。あと、一般にコンドームは男性が着けるものだから、女性が避妊できるかどうかは男性の知識や理解や合意に依存している。

そういうわけで、コンドームの欠点を克服したいんだったら、ピルもいっしょに使ったほうがベターだ。

ところで、ピルには性感染症を予防する能力はない。ピルの欠点を克服したければ、コンドームも使ったほうがよい。

ただ、こうやって防御を高めれば高めるほどお金がかかるという欠点もある。あちらを立てれば、こちらが立たないわけで、難しいね。すべての人にとって百点満点の解決策ってないものだ。

ピルはピルで、完璧ではなく、問題点がある。ピルには一定の副作用があるんだ。例えば、血が固まりやすい体質の人は使えない。血栓症といって血が固まってそれが肺に詰まり、息ができなくなる病気になる場合があるからだ。飲み忘れのリスクも、ピルにはある。

でも、問題があることはその存在を全否定するものではない。ピルにもコンドームにも欠点がある。でも、長所もある。ピルやコンドームの長所、欠点を理解して、工夫して上手に活用すればよい。あるいはどちらか（自分にとって）ベターな方法を選択すればよい。

中高生はセックスをしてよいのか

じゃ、そこでもうひとつ問いを立ててみよう。それは、

そもそも中学生や高校生がセックスをしてよいかどうか。

これは優れた問いだとぼくは思う。みなさんだったらどのように考える？　そしてその答えの根拠を何におく？

ぼくの回答は、どうか。実は「わからない」がぼくの答えだ。え、ずるいって？

そんなことはない。「わからない」ことに対しては素直にわからないという態度表明

をするのが、大人が子どもに対応するときのフェアな態度だと思う。大人が「わからない」というのは無知の表明であり、子どもに対してみっともないことだ、というのは短見だ。

むしろ、わからないことを、そうときちんと自覚できるのは、「無知の知」という知性の表明ともいえるんだ。要するに、わかってもいないのにわかったふりをするほうがみっともないってことだ。

中学生や高校生がセックスをしてよいのか。してもよい、という意見もあるだろう。するべきではない、という意見もあると思う。

では、ぼくが性教育ではどのようにこの問題を扱っているか。

実は、原則的に、ぼく自身は、性教育で「セックスをしてよい、よくない」の問題は取り扱っていない。

どうしてかというと、「生き延びるための」教育においては正否、「正しい」「正しくない」の問題は取り扱いにくいんだ。だから、性教育を試験で評価するのは難しいって話と同様だ。

繰り返すが、セックスや性の問題に対する人々の見方は多様だ。セックスや性については、様々な価値観や世界観を持つ人がいる。たぶん、この本を読んでくれている君とぼくとの見解だってピッタリ同じって訳にはいかないだろう。「どれが正しい性、どれが正しいセックス」と決めつけるのは極めて困難だ。またそれをやったとしても、その妥当性は高いものにはならない。

もちろん、ぼく自身も、性やセックスについては個人的な価値観、世界観を持っている。それがあとに説明する「絶対恋愛」にもつながっていく。しかし、それが一般化可能な概念かというと、もちろんそんなことは思っていない。ぼくの考えを適用できる人は（わりとたくさん）いるとは思うけれど、決してそれが普遍的とは思わない。

大事なことは、ぼくと他人の意見が同じか、違うか、ではない。むしろ大切にすべきは、「自分の価値観、世界観とは異なる価値観、世界観を尊重すること」だ。

19世紀の哲学者、ジョン・スチュワート・ミルは次のように述べている。

われわれはそもそも、自分たちが封じようとしている意見が間違ったものであるとの確信はけっしてもちえない。また、かりに間違っているとの確信をもったとしても、その意見の発表を封ずるのはやはり有害である。
正当と見なされるような結論に結びつかない探求をいっさい禁止すると、もっとも傷つくのは異端者の精神ではない。最大の被害者は、異端ではないひとびとである。ひとびとは異端者とされることを恐れて、精神ののびやかな発展をすべて抑制し、理性の働きをすくませる。

ミル『自由論』(光文社古典新訳文庫、斉藤悦則《よしのり》訳)

もうひとつ、18世紀の哲学者、ヴォルテールの言葉も引用しておこう(ヴォルテールの言葉ではない、という説もあるようですが)。

私はあなたの意見に何一つ賛成できないが、あなたがそれを言う権利は命がけで守るつもりだ。

性やセックスは極めて「個人的なこと」だ。個人の自由は日本国憲法でも保証されている大事な権利だ。それはみなさん自身の自由を保証し、みなさん以外の人たちの自由も保証する。あなたの性やセックスに関する価値観、世界観を周りから否定される必要はない（それが他人に迷惑をかけるものではないかぎり）。

同様に、あなた自身も、あなた以外の性やセックスに関する価値観、世界観を十全に尊重しなければいけない。映画にもなった山崎ナオコーラの小説『人のセックスを笑うな』というタイトルは、実に正しい。

だから、ぼくは中学生や高校生に「セックスをしてよいか」という問題についてはなにかを「教える」ことはしない。人やその人の価値観によって、見解はそれぞれだろうから。もちろん、どうだと問われれば、「ぼくの見解」を述べることはできる。

では、ぼくの見解を述べよう。

ぼくの意見は、「中学生や高校生の時は、一般的にはセックスしないほうがよい。セックスは長く愛し続ける覚悟ができている相手とだけしたほうがよい（その理由は、後述する）。でも、多くの場合、中高生でそこまで覚悟の決まった恋愛をすることは（ゼロではないにしても）、限りなく可能性は低い。だから、まずはセックスのない恋愛に留めておいたほうが良い」。

ただし、これはぼくの「見解」であり「教育」ではない。セックスにおいて何が「正しいセックス」かどうかをぼくの側から一意的に決定することは難しいし、たぶんできないんだ。

そういえば、どこかのお母さんが「大学受験が終わるまで恋愛禁止」と言っていたそうだ。それをぼくはバカバカしいと個人的には思うけれど、大学入学まで恋愛しない人生そのものを否定する資格は、もちろんぼくには、ない。

前述のように、セックスに関するリスクとその回避方法だけはちゃんと教育しておくべきだ。しかし、性に関するかぎり価値観や多様性の尊重という問題が絡んでくるため、どこまでが一般解で、どこからが個別の案件なのかを判別するのはそう簡単ではない。

あとで述べるけど、「セックスをしない」はとてもシンプルな、そして極めて有効な性に関するリスク回避の方法だけど、「それでよいのか」という問題はついてまわる。

性教育は「生き延びるためのスキル」を必要とする子どもたちにとって必然だ。それはいい。でも、性教育の目的が「スキルの習得」だけでよいのか、という次の問題が生じるんだ。

マスターベーションは悪いのか

よく訊《き》かれる問いとして、もうひとつ、マスターベーション（オナニー）の是非についても考えてみよう。性教育ではマスターベーションはどのように扱うべきか。

昔のヨーロッパでは、女性は性的な快感を得てはならない、と言われていた。性的快感を得るのは男性と娼婦《しょうふ》だけで、「淑女」はベッドの中で快感などを感じてはならず、出産のことだけ考えていればよい、というのだ。

例えば、17世紀の哲学者のスピノザは、主著『エティカ』のなかで、

肉体的結合への欲望は、たんに外観によってではなくて、むしろ子どもをもうけ、子どもを人間らしく教育しようとする愛から生じてこなければならない。

と、あくまでも出産・育児を念頭においてセックスするように薦めている。西欧、キリスト教社会は性に関しては非常に厳格、かつ狭量だった。

女性が性的快感を得て、オルガスム（性的な絶頂感）に達することを認め、科学の世界で始めて説明したのは産婦人科医のウイリアム・マスターズと心理学者のヴァージニア・ジョンソンだ。二人が「人間の性反応」という論文でこのことを発表したのは、なんと1966年のことだった。

キリスト教社会では男性に対しても肉体的な禁欲を要求した。マスターベーションが禁じられたのもそのひとつだ。

もっとも、キリスト教社会であっても、男性のほうは外で買春をすることは自由にできたわけで、このへんは、ずいぶん手前勝手な男目線のしくみだったようだ。

マスターベーションは長い間、「道徳的によくない」「健康によくない」あるいは「頭が悪くなる」と否定的に捉えられ、禁止されてきた。キリスト教社会ではセックスは神から与えられた生殖のための行為なので、生殖を伴わないマスターベーションは「神に背く」行為と考えられたんだ。

日本では、男子がマスターベーションをしすぎると精液が減って健康によくない、くらいの教えはあったようだけど、道徳的に否定されるようになったのは西洋文化が入ってきた明治時代以降だ。同性愛同様、キリスト教文化が日本人を性的に不寛容にしてしまったところはあると思う。

現在では、男子のみならず、女子もマスターベーションをするのは普通だと考える人が多いだろう。マスターベーションが健康や知性を阻害するものだという学術的なデータもない。昔のようにマスターベーションを禁じたり制限する根拠はない。

というわけで、マスターベーションは悪くない、というのがぼくの結論だ。男性でも、女性でもそうだ。マスターベーションを禁じなければならない科学的、あるいは道義的な根拠はない。もちろん、「したくない」という人に強制するものでもないのは、当然だ。

「総合としての営為」――マスターベーションがセックスと違う理由

ただし、マスターベーションはセックスの代用品にはなり得ても、セックスそのものではない。その点も性教育では触れておいてよいとぼくは思う。

マスターベーションがセックスと同じ価値を持つのであれば、性欲を満たすという観点からは、セックスよりもマスターベーションの方がよい、という結論になる。

なぜなら、セックスには手間とコスト、それにリスクがかかるから。

セックスの場合、相手と面倒くさい手続きを踏み、口説き、セックスの同意を得なければならない。マスターベーションにはそんな手間はかからない。

もし、セックスとマスターベーションが等価であれば、セックスのために手間や暇やお金をかけるのはバカバカしい。マスターベーションをしていればよい。

しかしながら、マスターベーションはセックスで得られる価値を全て満たすことはできない。

なぜかというと、マスターベーションは性欲だけを満足させる部分的な営為であり、セックスはもっと大きな「総合としての営為」だからだ。

では、「総合としての営為」とは何か。

これは、要するに部分の積み上げで「全体」を説明しちゃ、いけないよって意味だ。

うーん、まだわかりづらいな。

具体的にわかりやすく説明するために、やや男性に寄った性の意識をご紹介する。ご容赦ください。

例えば、多くの男性は女性のおっぱいが好きだよね。まあ、ぼくも嫌いじゃない。多くの男性にとっておっぱいは大事だ。多くの女性にとってもおっぱいはやはり大事だ。性的なアピールのポイントになったり、劣等感の原因になったりもするからだ。

昔のフェミニストにはブラジャーを「女性の体を拘束する性差別の象徴」と考え、あえてブラジャーを着けるのをやめよう、と主張した人もいた。けれども、これもまたおっぱいに対する強い意識があるからそう主張したわけだ。おっぱいに無関心であればそこを下着が覆っているかどうかなんて、主張のポイントにすらなりはしないだろう。

男性にとっても、女性にとってもおっぱいを「どうでもよい対象」とするのは難しいんだ。

しかしだ。今、目の前のまな板の上に、どん、とおっぱいだけが二つ置いてあったらどう思う？　ごく一部のとても特殊な性癖の人以外は、こういうのをとても「気持ち悪い」と思うんじゃないだろうか。

男女にとって、おっぱいは大事な要素だ。しかしながら、おっぱい「だけ」では意味がない。あくまでも、全体の部分としてのおっぱいであり、全体がないおっぱい「だけ」なんて、気持ち悪いだけの代物だ。

「もの」としておっぱいを考えた場合、こんなにつまらないものはない。そこには皮膚があり、真ん中に出っ張りのある色素沈着があり、皮下脂肪があり、乳腺があるだけだ。もっとミクロの視点でいうならば、おっぱいは単なる細胞の集まりに過ぎない。

でも、ぼくらはおっぱいを単なる細胞の集まりとは考えない。それは、おっぱいが女性という全体のなかの一部として、存在しているからだ。全体なくして、部分はないんだ。

2014年7月、ろくでなし子という女性が自分の生殖器をかたどったデータを3Dプリンターに送り、わいせつ物頒布等の疑いで逮捕された。

ぼくには逮捕の妥当性はわからない。でも、女性の生殖器だけを切り取って立体的に送ったその「もの」をわいせつ物として認識するなんてバカげているとは思う。そんなものに、（見てないけど）何の魅力も感じない。

おっぱい同様、男性が大好きなものに「女性のパンツ」がある。多くの男性は女性の（下着の）パンツを見ることにドキドキする。ぼくもする。目の前に女性のパンツが見えていて、「おおっ」と注目するか、「おっと」と目を背けるかの反応の違いがあっても、それを全く意識しないことはほとんどの男性にとっては難しい。

これは女性についても同じことだ。女性にとって自分のはいているパンツは羞恥心の象徴で、「見られても平気」、という人は少ないだろう。

日本の女性がパンツをはくようになったのは比較的最近のことで、洋装をするようになってからだ。もともと、日本の女性は和服の下には腰巻きくらいで、パンツなんてはいていなかった。

だから、現代のぼくらがここまでパンツという布にこだわり、意識してしまうのは不思議なことだ。

だって、考えてみれば、あれってただの布だ。木綿《もめん》であれ、絹であれ、化繊であれ、ただの糸の集まり。糸を紡いでできあがっただけの価値中立的な物質、なはずだ。

しかし、ぼくらはあれを「ただの布」として見ることはできない。そこには、ある種の「意味」を込めてしまう。

こういうのをフェティッシュという。フェティッシュというのは、性的嗜好《しこう》の話で冷静に考えてみると変な話なんだけど、それを冷静に処理できない、不思議な感情なんだ。

セックスとマスターベーションとが違う理由も、このへんにヒントがありそうだ。セックスは単なる物理的な刺激を感覚神経が伝え、脳がそれを感じる、という生理現象ではない。ぼくらはセックスすることに「意味」を感じ、「物語」を作る。それがセックスを特別な物にしている。

このことは、単なる生理的なプロセス、医学的な受胎、出産プロセスとして性教育を教えることの不毛さを暗示している。もし「性」というものが純粋な生理学的受精出産プロセスであり、その周辺にあるホルモンの分泌や身体の成長物語「だけ」であるならば、女子のパンツを見て顔を赤らめる男子や、見られて顔を赤らめる女子の存在はいかにも滑稽だ。

そういうものを排除した形での「性」というのはいかにも人造的な、机上の空論としての性教育だ。学校の保健体育や性教育のテキストやマニュアルが「つまらない」のもそのためだ。

マスターベーションがセックスの完全なる代替物なら、女性の生殖器をかたどり、その質感を模倣した上手な道具を作れば事足りる。そういう器具も最近は売っているみたいだ。それが悪いとは思わないが、やはりマスターベーションはあくまでマスターベーションであり、セックスとは異なるものだ。なぜ異なるかというと、男性にとって女性はおっぱいや性器だけの「もの」ではないからだ。女性にとって男性がペニスだけの「もの」ではないように。

セックスはそういう「もの」的な、単なる物理的な運動ではない。もっと価値の高いものがそこには付随しているはずだ。ぼくがセックスは長く愛し続ける覚悟ができている相手とだけしたほうがよい、と言った理由のひとつがそこにある。「やっておしまい」ではセックスの価値が下がってしまうのではなかろうか。

[コラム2] 性教育は「寝た子を起こして」しまうのか

性教育に対する反発は今も大きい。ぼくが医学生として性教育とＨＩＶ啓発を行っていた90年代前半もそうだったけど、性教育なんてけしからん、「寝た子は起こすな」という意見は多かった。性について情報提供をすればするほど性行動は活発化する、と信じられていたんだ。

確かに、90年代後半から日本の高校生や大学生のセックス経験率は増加していた。ちょうどインターネットが普及し始めた頃の話だ。

この頃、性に関する情報はネットを介して大量に入手することが可能になる。若者のセックスに対する「ハードル」も下がってきた。昔の若者は、簡単にセックスにまで辿《たど》りつけなかったんだけど、みんながセックスくらいいいんじゃない、という雰囲気を作っていったんだ。

セックスという言葉がハードルが高いものだから、女の子でも口に出しやすい「エッチ」という便利な言葉が生まれ、ますますセックスに対するハードルは低くなった。先に述べた、高校生のクラミジア感染が問題視されたのもこの頃からだ。

21世紀になり、インターネットの情報量は爆発的に増えた。ネットのスピードも速くなった。エッチな画像や動画も見放題になる（その気になれば）。スマートフォンも普及し、性に関する情報はますます入手しやすくなった。

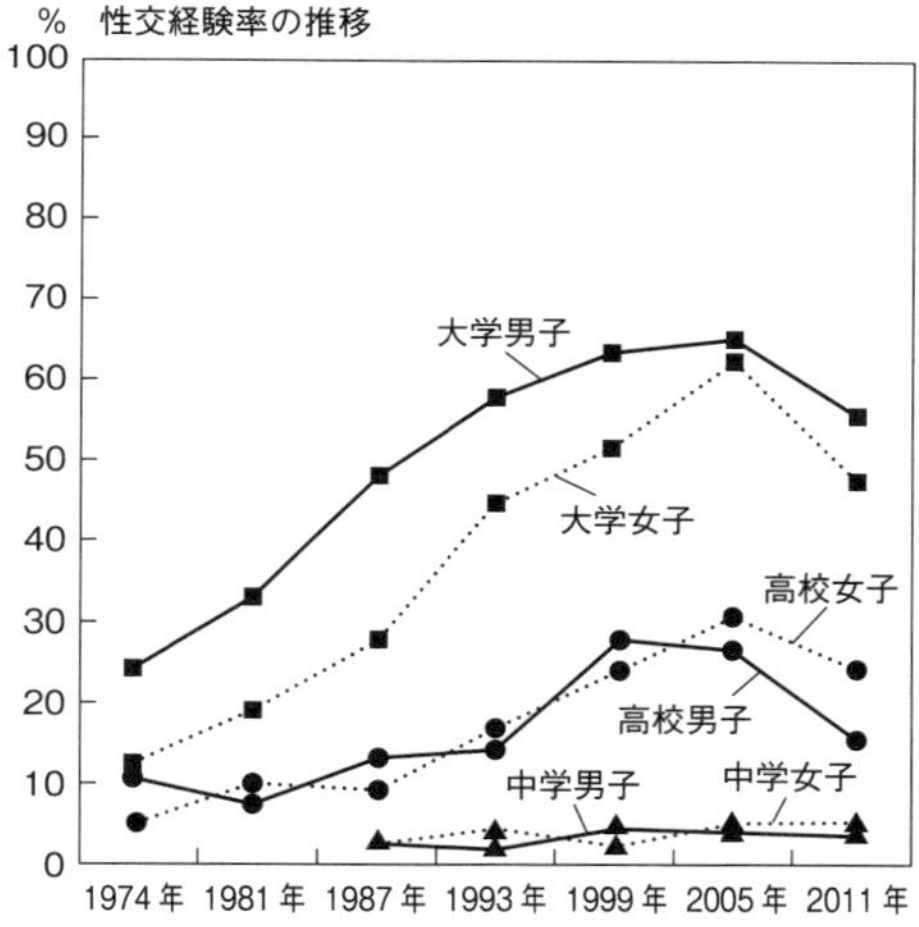

日本性教育協会　「若者の性」白書　第７回　青少年の性行動全国調査報告　より

ところが、だ。２００５年くらいから、若者の実際のセックス行為はむしろ減る方向に向かっていったんだ。

図は日本性教育協会の「若者の性」白書。グラフを見れば明らかだ。性交以外にも、２０１１年の大学生のデート経験率は男女共に70％台、高校生では50％台、中学生では20％くらいだ。キスの体験については大学生で男女共に60％くらい、高校生が男子が36％、女子が40％、中学生ではともに10%ちょっと。で、性交(セックス)体験の場合、大学生では男女差があり、男子は50%台、女子は40%台。高校生では逆に女子が20%台、男子が10%台、中学生では共に5%以下だ。

これまで男女とも上昇傾向にあった日本の若者の性活動が、2011年には全部、低下に転じているんだ。

問題は、だ。「なぜ」そうなったのか、である。

例えば、専門家には以下のような説明がある。ちょっと長いけど、辛抱して読んでみてほしい。

「誰かと付き合ったり、何か新しく活動を始めたりすることが、多くの若者たちにとって、楽しみやチャンスとしてではなく、リスクやコストとして立ち現れているという点ではないだろうか。(中略)若者たちは、自分自身の選択がもたらすポジティブな結果についてではなく、自分自身の選択が将来引き起こすかもしれないネガティブな結果について、より敏感に反応するように変わりつつある。そうした未来に対する指向性の変化を、本章では「リスク化」と呼ぶことにしたい。

もちろん、愛することも働くことも、いや生きることそのものが、さまざまな失敗や期待外れのリスクを伴う賭けにほかならない。しかし、社会的・道徳的規範によって個人の生き方が制限されていた時代には、そうした枠組みのなかのわずかな自由に大きな期待を寄せることができたように思われる。たとえ不本意な結果であったとしても、それは社会制度の矛盾や社会的資源の不足が原因であって、必ずしも自分自身の選択の結果として受け止める必要はなかった。

ところが現代社会においては、個人の生き方の選択可能性が大幅に広がる一方で、その実現可能性は全く保証されないために、理想と現実のギャップはますます拡大しつつある（山田、２００８）。しかも、多数の選択肢が用意されているために、望ましくない結果に陥った場合には、それを自分自身の選択の結果として引き受けなければならない。「ロミオとジュリエット」の時代であれば、「家同士の諍《いさか》いさえなければ、恋愛は叶ったはずなのに」と考えることもできたかもしれない。しかし、現代の若者たちは、たとえ家同士の諍いがなくとも、恋愛が容易《たやす》く破綻することを知っており、それを自分自身の選択によって回避しなければならない状況に置かれている」

（高橋征仁《まさひと》「欲望の時代からリスクの時代へ　性の自己決定をめぐるパラドクス」In.「若者の性」白書　第7回　青少年の性行動全国調査報告より）

よけいなリスクは背負いたくない、だから性にも積極的になりたくない。これがいわゆる、「草食化」と呼ばれる現象かな。

「草食化」が本当に起きている現象なのかどうかはぼくにはわからない。でも、仮に「草食化」が正しい解釈であったとしても、そうでないとしても、ひとつだけ言えることがある。

それは「性の情報に対してアクセスがよくなると、性活動が活発になる」ということこれまでよくいわれてきた、通俗的な仮説は間違っていた」という事実だ。

ネットによる性の情報過剰は若者たちを性に関して積極的にするどころか、むしろ消極的にしてしまった可能性すらある。三次元の相手は（リスクがあるので）怖いから、「二次元」でガマンしとこ、と考えることだってできるわけだ。

すでに指摘したように、ＨＩＶ感染者、エイズ患者は累計では増えている。が、グラフをもう一度見直してみてほしい（23ページ）。やはりＨＩＶ／エイズにおいても、２００５年頃から新規患者は横ばい、あるいはやや減少傾向になっているんだ。まだまだＭＳＭを中心としたセックスによるＨＩＶ感染は多い。多いけれども、それが鈍化しているのがここ数年の傾向だ。

すでに述べたように、他の性感染症（ＳＴＤ）も減っている。淋病《りんびょう》、性器クラミジア感染症、性器ヘルペス感染症、尖圭《せんけい》コンジローマ（パピローマウイルスによる性感染症）。全部減っている。

一番大きな理由は「セックスそのものが減っている」だろう。

繰り返そう。日本では性の情報へのアクセスがどんどんよくなっているんだけど、それに反してここ数年では、日本の若者はセックスをしなくなっている。「寝た子は起こすな」という理屈は間違っていたんだ。日本の教育関係者ってデータも見ないで、けっこう思いつきで根拠のない意見を言うんだよね。ちゃんと、データを見て議論しなきゃ、だめだ。

三時間目　性を伝えにくくしているものとは——タブーにまつわる問題

羞恥心とプライベート・パート

人はセックスをする時に裸になる。エロティシズムという観点からいうと人間の裸体が性的に魅力的だから、という説明が成り立つ。

しかし、ぼくらは普段、衣服を着けている。人間の裸体が羞恥心をもたらすからだ、という説明が成り立つ。

つまり、性的魅力と羞恥心は裏腹な関係にある。

特に男子は股間（ペニス）やお尻を、女子は胸、股間、お尻を他人に見せたり、触らせることを嫌がる。そこで、こういう場所を「プライベート・パート」なんて呼んだりする。

プライベート・パートは「隠しているが故に」エロティシズムを惹起《じやつき》するものでもあ

る。普段から素っ裸で暮らしていたら、ぼくらは慣れてしまって、裸に魅力を感じることはなくなるだろう。

隠しているからこそ、隠れている先のものには魅力が生じるのだ。だから、隠す物質である布＝パンツには、その先に隠された物がある、という状態から性的魅力を作り出し、性的羞恥心が起きるのだと説明できる。

エロティシズムと羞恥心が同じ原則で動いている、というのは興味深いことだと思う。

羞恥心は、やや好意的な羞恥心と、否定的な羞恥心の二種類がある。要するに、「見られるのは恥ずかしいけど、ドキドキ♡」な状態なのか、「絶対イヤ、見られたくない（怒）」の状態なのかの違いだ。ここを勘違いすると、大変なことになる。

自分のものと同様に、他人のプライベート・パートも大事にしなければならない。むやみやたらに見ようとしたり、触ったりするのはよくない。

だから、性教育において、他人のプライベート・パートを見ようとしたり、触ろうとするのがよくないと教えるのは妥当といえる。こういうところは小学生にも教えたいし、教えられるだろう。このことはすでに述べた。

女性生殖器は「アソコ」でよい

女性の生殖器はしばしば「アソコ」と呼ばれる。でも、こういう婉曲《えんきょく》的な言い方はよくない、という批判もある。

特に、性教育を積極的に行っている人にはこういう意見が多いようだ。ちゃんと「正しい」言葉を教えなければダメだというのだ。

アメリカでは性教育で解剖学的に「正しい」用語を教えるそうで、その理由はレイプや性的虐待を受けた時、警察による事情聴取や法廷での証言で説明できないからなんだとか。なんか、それもどうかな、と思う。

ぼくは別に「アソコ」でいいじゃないか、と思う。言葉は要するに、通じればよいのだ。

保健体育の時間では男女の身体について、「まるで心がないもの」であるかのように、「恋愛とは関係ないものであるかのように」取り扱う。男性生殖器、女性生殖器、解剖学的に「正しい言葉」でパーツ、パーツを学ぶ。

でも、恋愛感情やエロティシズムを無視した性教育なんて、まるで「まな板の上のおっぱい」と同じだとぼくは思う。そんなおっぱいに意味はない。

すでに述べたように、エロティシズムは禁止や羞恥心、「隠し」（あるいは「じらし」）があって成立する。禁止行為はかくも我々の欲望を満たす上で、魅力的な誘惑だ。

女性の生殖器について、これは膣《ちつ》です、これは子宮頸部《しきゅうけいぶ》です、これは卵管です、なんていちいち「正しい」言葉で指摘することは「物知り」になるには役にたつ。「生物学」としての生殖や排卵のメカニズムを理解するには有用だろう。でも、それは「性」を教えているのではない。そうぼくは思う。植物の受粉や動物の交尾と、人間のセックスを等価的に扱うのはおかしいと思う。

だから、性を教える場合、女性生殖器の解剖学的名称にそう固執する必要はない。あえて婉曲的に「アソコ」でいいのだ。その婉曲性が恋愛に必ず付いて回るエロティシズムをもたらすからだ。エロティシズムが存在しないかのように性を教えるというのは、「本当のこと」を教えていないということだ。エロティシズムの介在しない性なんて存在しないのだから。

一部の過激な性教育推進者のように性にまつわる解剖学用語を大声で呼んだり、生殖器の絵や模型を見せびらかす性教育も、ちょっと違うんじゃないかとぼくは思う。それは、性やセックスや恋愛の隠し、じらしがもたらす「よさ」をわざわざスポイルしていて、もったいなさすぎる。

性教育はイデオロギー論争になりやすい。ぼくはイデオロギーには興味がない。興味があるのは子どもたちに妥当な性教育が提供されることだ。それだけだ。

「生き延びるためのスキル」は積極的に教えるべきだ。性教育は積極的に行うべきだ。性教育を全否定する意見は日本には根強いが、「性」がないかのように性教育をタブー視するのは間違いだ。

かといって性を「もの」として扱い、そこにある恋愛とかエロティシズムをあたかも存在しないかのように扱うのは、性や恋愛やセックスに対して失礼だ。性教育を全否定する人と、性教育にあまりに過激な人たちは、性教育をイデオロギー化しているという点において、どちらも同じ根拠で間違っている。

北欧（デンマークとかスウェーデンとか）では、男女の違いを人形や絵で見せて、セックスや出産のありようもあからさまに見せることで性を教えている。

なんというか、日本の教育関係者には「北欧ではこうなっている」というとメロメロになって、思考停止になり、全肯定してしまう人がいる。まあ、逆に「ここは日本だ。北欧なんて関係ない」と全否定してしまうのも、やはり一種の思考停止だ。

教育対象として大切だ、ということとそれをあからさまにしてよいか、という問題は別問題だ。同じにしてはいけない。

例えば、幼児にはトイレトレーニングをする。ちゃんとトイレでおしっこやうんちができるようになるトレーニングだ。小便や大便の排泄《はいせつ》はとても大切だ。

でも、それは「うんこ」とか「肛門《こうもん》」なんていう言葉をあからさまに大声で公に口にしてよいことと同義ではない。大便の映像を公にすることとも違う。

排泄はプライベート・マターであり、プライベートなことを公の場で大きな声で口にするのは、そのプライベート性を否定することになる。そういうプライベート・マターを大声で口にしたり、図面で示すことは、客観的で事実性の高いことを教えているようで、その本質であるプライベート性は教えていない。むしろ、「うんこなんて大声で言っちゃダメだよ」「トイレはみんなのいないところで、するんだよ」と教えることが大事なのだ。

セックスもやはり、プライベート・マターだ。その証拠に、セックスは普通二人きりで（例外あり）、誰も見ていないところで、こっそり行うものだ。

性器やおっぱいのようなプライベート・パーツは布で隠されている。我々は人前でそれを見せることはない。普段、プライベート・パートの名称を、我々は人前で口にすることはない。口にすべきでもない。学校教育でもそれは例外ではないってことだ。

近親婚というタブー（禁止）から考える

ところで「近親婚」というものがある。血のつながった同士がいっしょになっちゃいけない、という考え方だ。多くの社会が、近親婚を禁止している。

禁止されているものには、性的魅力が伴う。近親婚にも、近親婚特有の性的魅力が付いて回る。

例えば、昔、『みゆき』（あだち充）というマンガがあった。これは同居する（血のつながっていない）兄妹が恋に陥る、という物語だ。

禁止されていることに、ぼくらはエロティシズムを感じる。そのタブー性にドキドキする。「血のつながっていない兄妹の許されぬ恋」というシチュエーションが『みゆき』をドキドキさせるマンガにしたのだ。

でも、よく考えてみたら、近親婚は絶対的なタブーというわけではない。

よく、「血が濃くなると病気が増えるから近親婚はだめ」みたいな医学的な「わかりやすい」説明がされている。

が、実はそんなにわかりやすくはないのだ。

確かに、ある種の遺伝病は近親婚で増えることがある。例えば、血友病がそうだ。これは遺伝情報を持つX染色体の異常で起きる病気である。

遺伝情報は細胞の中にある染色体に入っている。その中に、X染色体とY染色体がある。女性にはX染色体が2つあり、男性には1つしかない。男性には代わりにY染色体が1つあり、X染色体と対になっている。X染色体とかY染色体は、男女を分ける決め手になる染色体（遺伝子）で、「性染色体」と呼ばれている。

セックスによって、女性は卵子を、男性は精子を提供する。女性の卵子には必ずX染色体が1つ入っている。2つあるうちのどちらか1つだ。男性の精子にはX染色体か、Y染色体のどちらか1つが入っている。

精子の中にX染色体が入っていれば、受精卵はX染色体が2つとなり、子どもは女の子になる。精子にY染色体が入っていれば、受精卵はX染色体1つとY染色体1つとなり、子どもは男の子となる。

もし、X染色体に異常があり、血友病になりやすいとしても、女の子はめったに血友病にはならない。もう1つのX染色体がたいていは正常なので、こちらが病気を防いでくれるからだ。

もし、X染色体に異常があり、それが男性の場合、この男性は血友病になる。正常なX染色体を持っていないからだ。

もし、一族の中に血友病の人がいて、近親婚を許してしまうと、異常なX染色体をあちこちで共有するようになり、病気の男性が一族に増えてしまう。かつてヨーロッパの王室では親戚同士で結婚を重ねたため、血友病が一族で増えてしまうことがあった。

このように、「病気を予防する目的」で近親婚はよくない、という「わかりやすい説明」がなされてきた。

でも、よく考えてみたら、これはおかしい。

なぜなら、逆に言えば、一族に病気の染色体がない場合は、むしろ近親婚のほうが病気になりにくいからだ。「知らない誰か」の遺伝子を入れてしまったら、その遺伝子に病気の原因が入っているかもしれない。長い間病気知らずの一族とかならば、むしろ他の血を入れないほうがよいはずだ。性感染症の原因微生物がなければ、セックスのコミュニティーのなかでＳＴＤが増えないのと同じ理屈だ。他のコミュニティーにセックスの輪を広げていけば、ＳＴＤのリスクは当然上がるのだから。

交叉いとこ婚と近親婚の恣意性

さて、クロード・レヴィ＝ストロースという人類学者がいる。彼は人類史上でもっとも優れた知識人で、「構造主義」と呼ばれる思想を構築した一人だ。

レヴィ＝ストロースは、多くの部族に共通に見られる結婚のパターンを観察した。そ

ったた。

日本では、いとことの結婚は法的に認められている（禁止されている国もたくさんあります）。「交叉いとこ婚」も「平行いとこ婚」も区別しない。

では、なぜ「交叉いとこ婚」は認められて、「平行いとこ婚」はタブーなのか。ていうか、「交叉いとこ婚」っていったいなんなのか。

「交叉いとこ婚」というのは、父方の姉妹の子どもや、母方の兄弟の子ども、すなわち「いとこ」との結婚のことだ。これはOK。で、「平行いとこ婚」とは、父方の兄弟や、母方の姉妹の子ども、こちらも「いとこ」との結婚のことだ。これはタブー（禁止されている）。

父親（男）の兄弟（男）の子だと平行いとこで、父親（男）の姉妹（女）の子だと、交叉いとこなのだ。

で、レヴィ＝ストロースは著書『親族の基本構造』の中で、なぜ交叉いとこ婚は認められているのに、平行いとこ婚は認められないか、という説明に「女性の交換」という構造を見いだす。この「構造」そのものは、本書の主題とは関係ないので、ここでは割愛する。興味のある人は「構造主義」の解説書を読んでください。

問題はだ。「交叉いとこ」も「平行いとこ」も遺伝的な距離は同じだ、ということだ。

どちらも、「親」→「その親（祖父母）」→「祖父母の子ども（おじさんやおばさん）」→「その子ども（いとこ）」である。

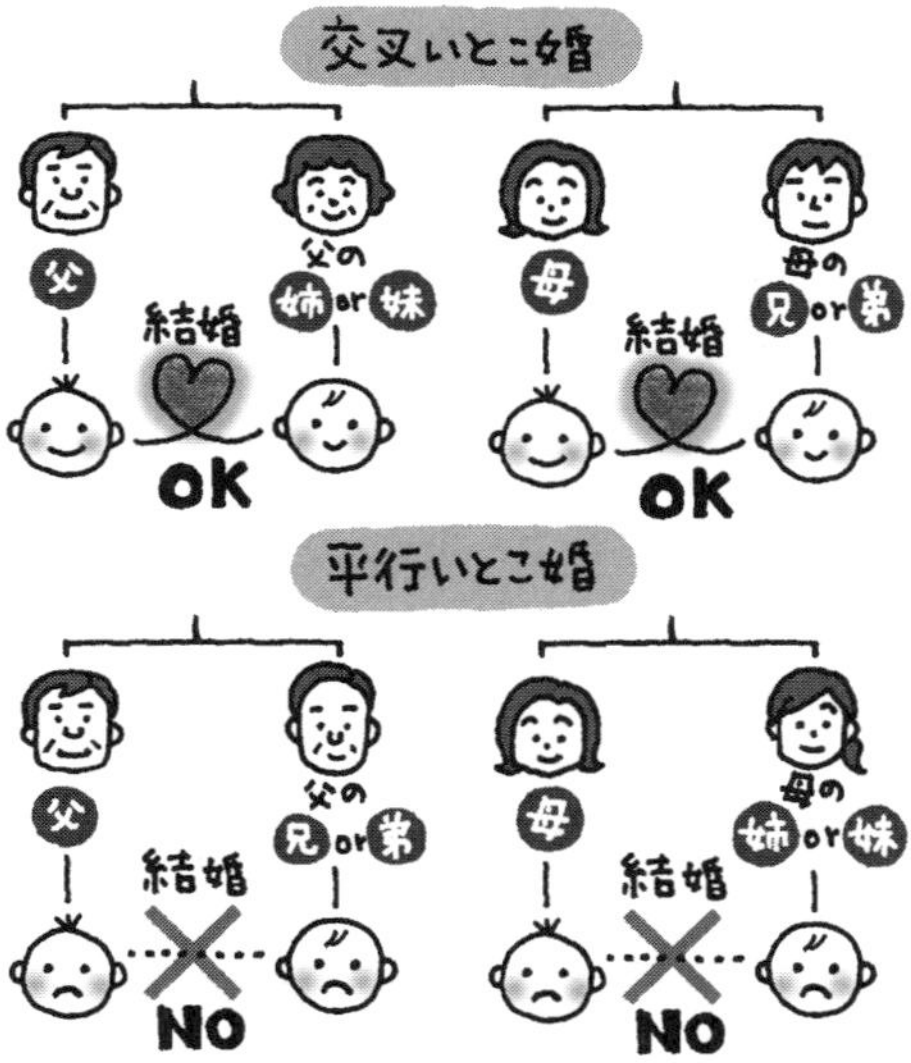

交叉いとこ婚と平行いとこ婚

日本人の目には、交叉いとこも平行いとこも同じ「いとこ」だ。

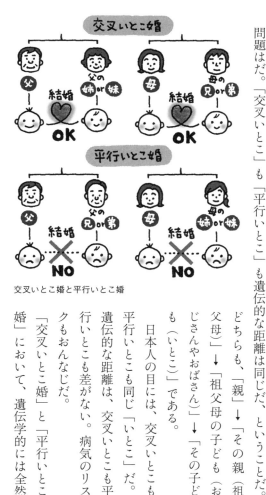

遺伝的な距離は、交叉いとこも平行いとこも差がない。病気のリスクもおんなじだ。

「交叉いとこ婚」と「平行いとこ婚」において、遺伝学的には全然違いがない。つまり「病気の予防」という観点からは、「交叉いとこ婚」と「平行いとこ婚」を区別する必要は全くない。

でも、ある文明・文化においては、両者にきっちりと区別をつけ、一方をOKとし、一方をタブーにしている。

それは、タブーを作り出した文明・文化「そのもの」がタブーの根拠であり、科学や事実やリスクがそうさせているのではない、ということを意味している。要するに、近親婚はよくない、というぼくらが普通に使っている言葉にも、厳密な科学的、医学的根拠はないってことだ。

禁止の根拠はどこにおくか

近親婚についてなんでこんなに長々と説明したかというと、ぼくらの「禁止」（タブー）の根拠は、厳密な真理とか科学とか、そういうカッチリしたものが決めているのではなく、恣意的に決められている、という点を知ってほしかったからだ。

そして、それは他のタブーについても同様だ。

例えば、同性愛。同性愛は長い間日本で許容されていた恋愛とセックスのあり方だった。しかし、明治時代以降に西欧文化（キリスト教文化）の流入とともにタブーとされる。

ところが、近年になって潮目が変わってきた。キリスト教社会においても同性愛者を差別するのは人権に反すると批判されるようになってきたのだ。そこで、同性愛は欧米でも少しずつ許容されつつある。フランスのように法的に同性愛カップルを認めるところも増えてきた。

タブーには科学っぽくもっともらしい説明がなされることもあるけど、どれも詭弁《きべん》に過ぎない。二十年前にタブーだったものの多くは、今ではタブーでなくなっている。二十年前、例えば、多くの職場では男性はネクタイ、女性はスカートの着用が義務だった。お茶くみは女性の仕事で、男の仕事とは考えられていなかった。現在ではそういうタブー（?）は薄まってきている。二十年後には、現在社会のタブーとは全然違ったタブーの形を持つ社会になっている可能性が高い。

我々が何かを禁止する時、その多くは真理や科学や理性を根拠としていない。ぼくらが禁止したい、という意思が共有される時、それがタブーとして社会の規則になるのだ。

タブーの恣意性と「何でもあり」の回避法

では、禁止に科学的根拠がないとしたら、「何でもあり」でよいのだろうか。全てのタブーを否定してしまってよいのだろうか。

この問題はとても難しい。しかし、こう考えてみたらどうだろう。

「わたし」の欲望が他者を苦しめたり悲しませたりしてはならない。

これはタブー（禁止）の条件としてはよくできていると思う。それは、「わたし」よりも「あなた」を優先する後述の「絶対恋愛」にも通じる精神だ。

「同性愛者であること」そのものは、誰かを苦しめたり、悲しませたりしない。だから、同性愛者であることは悪くない。

もちろん、その相手が異性を恋愛対象とする人なら、同性愛者による恋愛感情を迷惑に感じることはあるかもしれない。ぼくも十代の頃、生まれて初めて会ったゲイに言い寄られて、すごく「気持ち悪い」と思ったことがある。世間知らずだったんです。若気の至りなんです。反省してます。

でも、冷静になって考えてみれば、意中の人でない人から思いを寄せられることが迷惑になることについては、同性愛者もそうでない人も同じことだ。従って、これは同性愛者個有の問題ではない。よって、これを根拠に同性愛を禁止することはできない。

さて、幼児に恋愛感情を抱く人がいる。英語では子どもを愛する、という意味で、pedophile と言う。

しかし、思春期に至っておらず、第二次性徴もまだなく、よってまだ性欲が芽生えていない相手に性の欲情を強制するのは、「わたし」の欲望が他者に苦痛、迷惑をかけてはならない原則に反する。多くの場合、幼児を対象とする恋愛、そしてセックスの強要はその幼児への長い長い心的外傷（トラウマ）の原因にもなる。大人と違ってこれを拒むのも容易ではない。

このように考えると、幼児を対象とする恋愛や性行動は禁止されるべき、と結論できる。

同様に、性的嫌がらせ（セクシャル・ハラスメント、セクハラ）、ストーカー行為、暴力（domestic violence《ドメスティック・バイオレンス》、DV）、覗《のぞ》き、痴漢などは禁止されるべきだ。相手に対する迷惑行為は否定の対象だからだ。

リベンジ・ポルノという言葉がある。リベンジ（revenge）は復讐《ふくしゅう》を意味する英語だ。ポルノは……実はポルノを定義するのはとても難しいのだけど、まあ、わかりますよね。あの、ポルノだ。

リベンジ・ポルノとは、好きな人に振られた仕返しに相手のプライベートな恥ずかしい写真をネットなどに公開するような行為を言う。ソーシャル・ネットワークが発達して、こういうことを容易に行うことができるようになった。

ネット情報はどんどん広がっていくから、一度ネット上にあげられた恥ずかしい写真を回収するのはとても困難だ。他者への苦痛という観点からはこれはもちろん、「アウト」である。本当、ひどい行為だとぼくは思う。

このような原則に立ち返れば、恋愛やセックスの多様性は認めつつ、他者に苦痛を与える行為（その多くは犯罪だ）の禁止されるべき根拠を正当に述べることはできるだろう。実はこの議論にはややこしい例外事項もあってけっこう難しいんだけど、たいていの場合はうまく扱うことができる。

君たちに、

「こういうことはしてはいけません」

という各論的な「しつけ」を単純に押し付けても、それはうまくいかないことが多い。大人に「やめろ」と言われたって反抗したくなるのが、君たち若者の特徴であり、特権だ。

だから、

「あれこれ考えて、こういうことをするのはよくないな」

と自分で気がついてもらえるような教育のあり方がより望ましい。ぼくはそう考える。

だから、禁止事項についてもダメだからダメ、ではなく「何がなぜいけないのか」「何がなぜ許容されるのか」をちゃんと自分の頭で原則に基づいて判断できるようになって欲しいんだ。これも「生き延びるため」のスキルだ。

恋愛　自分も他人も大切に考える

性教育は「生き延びるためのスキル」を教えるために存在する。そのようにぼくは説明し続けている。

しかし、ここで急に方向転換したい。申し訳ないけど、ぼくは自分の説を展開したあと、それを否定的に見なおしてみることにしているんだ。本当に、それでよいのかってね。こういうのを内省的ともいうし、弁証法ともいう。まあ、名前なんてどうだっていい。

性教育は「生き延びるためのスキル」を教えるものだ。それはよい。でも、「生き延びるためのスキル」さえ教えていればよいんだろうか。ここには留保条件を挟んでみたい。Aを教える、とAだけを教える、は同義ではない。性教育は「それだけ」でよいんだろうか。

それだけじゃ、よくない。ぼくはそう考えている。

コンドームが避妊や感染症の予防に重要だ。ネットの普及で情報・知識は流布している。妥当な情報も、そうでないものも。

実際、コンドームという言葉を多くの子どもはすでに知っている。どんなに「性教育の授業」で「コンドームという言葉を使わないでください」なんて校長先生が配慮してもね。ぼくも中学生の時は、コンドームという名前くらいは知っていた（使い方は知らなかった。典型的な中途半端な情報取得の悪例だよね）。

しかし、知識的には「コンドームが避妊に有効」とわかっていても、現実のコンドームの着用率はそんなに高くない。「気持ちよくない」「今回だけは（たぶん）着けなくても大丈夫」「酔っぱらってて忘れてしまった」「買いにいくのが面倒くさい」などいろいろな理由があるようだ。72ページで述べた、KAPの問題だ。知ってることとできること、できることとやっていることには、差があるのだ。

では、どうやったら知識を態度に、態度を実践に転ずることができるのか。

それはセックスの相手への配慮、自分の体に対する配慮、そしてセックスそのものへの敬意といった、感情面の問題が大きいと思う。コンドームの知識だけでなく、「相手を傷つけたり苦しめたくない」という恋愛感情のもたらす配慮はコンドームの着用を強く促す。「私の健康を損ないたくない」という感情も大事だ。「セックスは素晴らしいものだから、それが原因でよくないことや苦痛が生じるのはいやだ」という感情でもよい。

とにかく、これは知識ではなくて感情的な問題になる。

では、そのような感情は教育で教えたりできるんだろうか。

できない、でもできる。相矛盾するこの難題に、最終章で取り組む。

四時間目　正しいセックスなんてない

同性愛者と差別

ぼくは感染症の医者で、エイズの患者さんをよく診ていると言った。日本のエイズ患者さんの大多数は男性の同性愛者、ＭＳＭだ。このこともすでに述べた。

同性愛者の定義にもよるけれども、アメリカ、イギリス、フランスだとだいたい1、2割程度の人が同性愛者的な傾向を持っているそうだ（*Journal of Homosexuality* 1998; 36(2):1-18）。日本でも男性の少なくとも数パーセントは男性とのセックス経験を持つ男性（ＭＳＭ、men having sex with men）だと思われる（*Sex Health* 2011 Mar; 8(1):123-4）。同性愛者になりやすさは、遺伝子の影響も関与している可能性があるという（*Science* 1993 Jul 16; 261(5119): 321-7 など）。

明治時代までは日本も性に関してはわりとおおらかで、同性愛もそんなにタブー視されていなかった。日本の「男色」に関する最初の記載については諸説あるらしいが、10世紀の『伊勢《いせ》物語』や『往生要集』にはすでに「男色」の記載があったようだ。ただし、当時でもそれは「犯してはならないもの」、悪いものと認識されていたようだが（服藤《ふくとう》早苗《さなえ》『平安朝の女と男』による）。で、11世紀になると男性同士の性愛は貴族の間で普及し、タブー視されなくなった。

西洋でもギリシアの哲学者ソクラテスが同性愛者だったことは有名な話だ。古代ギリシアは同性愛には寛容な社会だったんだ。ところが、その後数百年が経過し、キリスト教社会となった西洋ではだんだん同性愛をタブー視するようになり、同性愛者は差別の対象となってきた。同性愛は宗教上の罪と考えられたからだ。

同性愛に限らず、中世以降のキリスト教社会は「性」というトピックそのものに対して厳格な態度をとるようになった。

なにしろ英国では男性同性愛は「犯罪」だった。コンピューターの原理を開発した天才数学者のアラン・チューリングは当時風俗壊乱罪に該当していた同性愛の罪で女性ホルモンを注射することを強要された。第二次世界大戦後、つまり現代の話ですよ。びっくりです。今だったらもちろん人権侵害、噴飯物の悪法です（現在では英国でも同性愛は合法です）。この実話の悲劇性は、ベネディクト・カンバーバッチ主演の映画「イミテーション・ゲーム」（モルテン・ティルドゥム監督　２０１４年）で強く感じ取ることができる。ぜひ観てほしい。

明治時代以降、日本にも西洋文明（キリスト教文明）が入ってきた。日本でも、それまでの性への寛容がなくなり、性的に自由な考え方がタブー視されるようになったのはこの頃からだ。例えば、混浴ＯＫだった公衆浴場では男女は別々になった。同性愛もこの頃からタブーとなった。

ＬＧＢＴという言葉がある。性的な少数派《マイノリティ》を指した言葉だ。レズビアン（Lesbian）、ゲイ（Gay）、バイセクシャル（Bisexual）、トランスジェンダー（Transgender）の頭文字をとった言葉だ。

ゲイは男性同性愛者で、以前はホモとも呼んでいた。ただ、「ホモ」という言葉には差別意識が含意され、ネガティブなイメージが大きい。最近では前述のＭＳＭと呼ぶことが多くなった。

レズビアンとは女性の同性愛者のこと、異性、同性どちらも愛するのがバイセクシャル（バイ、とは「2」、とか「両方」の意味だ。二輪の自転車は、bicycle）。トランスジェンダー、というのは身体が男なのに、心は女性、あるいはその逆の状態を言う。トランスというのは「変わる」という意味、変形のことをtransformというでしょ。ジェンダーというのは、これはいろいろな解釈があるけど、まあ、「性」ということ、と思ってくれればよい。

トランスジェンダーを「性同一性障害」と呼ぶ人もいるけど、何をもって「障害」と呼ぶかは恣意的な判断なので、こういう呼び方はちょっと問題があるんじゃないかな。

最近では渋谷区で同性愛者のカップルに「パートナー証明書」を交付するようになったことが報道されたりして、LGBTという言葉はすっかり人口に膾炙《かいしゃ》した。まあ、なんでも最近は「LとGとBとTを一緒にすんな」という意見もあるみたいだけど、「なんとかとなんとかを一緒にすんな」も構造主義的には恣意的な区分けに過ぎないので、そこは言ってもしようがないとぼくなんかは思ってしまう。

2014年2月11日の朝日新聞によると、日本人成人の約5％がLGBTなんだそうだ。5％というと、20人にひとり、やっぱりクラスには必ず数人はいそうな割合だ。もうこういうのをマイノリティと呼ぶべきかどうかも、微妙だね。例えば、緑内障という目の病気があるけど、40歳以上の20人にひとりがかかっている。でも、緑内障の患者さんを「マイノリティ」なんて呼ばないもんね。マイノリティという言葉には常に「差別されている弱い立場の人たち」というイメージが入っている。

海外ではLGBTたちへの差別をなくし、彼らの人権を尊重し、そしてその生活を支援する活動が活発になっている。何事においてもアグレッシブで先進的なオランダではすでに10年以上前から同性婚は法律で認められている。多くのヨーロッパの国々も同様の法律整備を行ってきた。

フランスは2013年から同性婚を「合憲」として認め、アメリカでもすでに多くの州で同性婚が法的に認められるようになった。2015年6月にはアメリカの連邦最高裁判所が、すべての州での同性婚は合法であるとの判断を示した。かつては同性愛に厳しかったキリスト教社会も変わりつつあるんだ。

翻って、日本ではＬＧＢＴたちはまだまだ虐げられる存在だ。自分とは異なる価値観を尊重するという寛容の精神が乏しく、「お前もオレと同じ」にしろ、という同調圧力が強いためだ。

同性愛も多様な価値のひとつと認める寛容な文化的土壌を伝統的に持ちながら、あえて差別的な西洋社会の制度を採用し、さらにその西洋社会の進歩についていけていない日本。情けない話だね。

日本のエイズの患者さんの多くは男性同性愛者（ＭＳＭ）だ。ぼくの外来にやってくるＨＩＶ／エイズ患者の大多数もＭＳＭだ。だから、ぼくは彼らとよく話をする。

彼らの話を聞いているとわかるんだ。エイズという病気に対する偏見も重なって、彼らはＭＳＭであるがゆえに、ＬＧＢＴの一員であるがゆえに、社会的に虐げられていると。

ＭＳＭとハッテン場

とはいえ、日本でも再び同性愛に対する寛容の度合いが徐々に増している（石原英樹

「日本における同性愛に対する寛容性の拡大：「世界価値観調査」から探るメカニズム」"Increasing Tolerance towards Homosexuality in Japan : Findings from the World Values Survey" [Internet]. 2013 Mar 1 [cited 2014 Mar 31]; Available from: http://repository.dl.itc.u-tokyo.ac.jp/dspace/handle/2261/53616)。テレビでもゲイのタレントなどが登場し、彼らの好感度も高いよね。

しかし、そうは言ってもＭＳＭは社会全体で見れば少数派であり、今でも差別的な目で見る人は少なくない。ＭＳＭはＭＳＭと恋人になりたいんだけど、そういうわけで出会いの場を持つ機会は多くない。

そこで彼らは「ハッテン場」と呼ばれる、ＭＳＭが集まる場所に行って、出会いの場を求める。ハッテン場に行けば、いるのはみんなＭＳＭだ。ＭＳＭであることを隠す必要がないからだ。

ハッテン場でＭＳＭは知り合いになり、そこですぐにセックスに移行することが多いのだそうだ。それも複数の人と。

多くのＭＳＭは「セックスによってＨＩＶに感染する」可能性について、十分な知識を持っている。にもかかわらず、あえてリスクを冒してたくさんの人とセックスをしている。前述したように、感染症内科の原則から言えば、複数の人とのセックスは性感染症の非常に高いリスク行為なのに、だ。

例えば、ハッテン場で梅毒《ばいどく》やB型肝炎に感染した患者さんに、ぼくはこんなふうに言ったことがある。

「セックスの相手がそんなに多いと、そりゃ、感染症になりますよ。一人の人とながーい、お付き合いとかはできないものでしょうか」

「むり。そんなに長く一人とは付き合えないし。知り合いになったばかりでセックスとかのほうが（気分が）楽だし。感染症のリスクはわかってるんですけどね」

刹那的なセックス

前述したように、エイズのリスクについてMSMの人たちが必ずしも無知なわけではない。ソーシャル・ネットワークが発達して、ハッテン場で不特定多数の人とコンドームを着けずにセックスすれば、HIV感染のリスクが高いことはみなさん、たいていご存じだ。でも「知っている」と「できる」、「できる」と「やっている」は違うってことだ。ここでもKAPの問題だ。

では、なぜ「知っている」と「やっている」に乖離《かいり》があるのだろう。

これは、あくまでもぼくの仮説なんだけど、彼らMSMたちの多くは、セックスについてとても刹那的になっているんじゃないかと思うんだ。

ハッテン場で初対面、すぐにセックスする。簡単に「付き合う」。簡単に別れる。また別の人と付き合い、セックスをする。「世の中、こんなもんだよ」とつきはなしているような、今だけ楽しければいい、明日のことは考えない。そういう様子を「刹那的」と言う。「刹那」とは仏教でいう時間の最小単位のことで、「とても短い時間」の意味だ。付き合っては別れ、セックスしてはサヨナラし、という刹那的な「性」のあり方。

もちろん、人間のやることだから個人差はある。MSMが全員、そういう刹那的なセックスをしているとは思わない。そうでないMSMも知っている。過度の一般化は危険だ。

別にMSMの人たちに限らず、誰にでもどこか刹那的なところはあるものだ。勉強しなきゃいけない時に、まあいいや、とマンガやテレビゲームに逃げちゃったりする。貯蓄が必要な時にお金を使ってしまう。誰だって、「今さえよければ、将来はどうでもよい」という衝動を多かれ少なかれ持っているものだ。ぼく自身も例外ではない。

それでも、やはりたくさんのＭＳＭ、ＨＩＶ感染者たちを見ていると、やはりそこには他の人たちにはあまり見られない、「刹那的な空気」「恋愛やセックスに対する刹那的な態度」をぼくは感じてしまう。

こういう「空気」のことを「エートス」なんて呼んだりする。日本のＭＳＭには確かに「刹那的なエートス」があるみたいなんだ。

刹那の裏返しとしての、あきらめ

そして、ＭＳＭの人たちがそのようなセックスを繰り返していると、いろいろな性感染症になってしまう。ＨＩＶに感染してしまうこともある。

驚くことがある。セックスや恋愛に刹那的であったＭＳＭの人たちは、ＨＩＶ感染が判明すると、しばしば「もうハッテン場には行きません」「誰とも付き合ってません」

「セックスをしません」と言うんだ（そうじゃない人も、もちろんいます）。あっさりと「そういう生活」をあきらめてしまうんだ。

もちろん、HIV感染というかなりヘビーな病気を持ってしまったことが、精神的にはとてもショックである、ということもあるだろう。ハッテン場でセックスを重ねたことへの罪悪感もあるのかもしれない。あるいは、単にぼくに嘘《うそ》をついているだけなのかもしれない（そういう人も、いるにはいます）。

それを差し引いても、これまで通っていたハッテン場に行くのを急にやめたり、セックスをあきらめてしまう、という態度の豹変《ひょうへん》には少しびっくりする。もう少しセックスをあきらめることに対して抵抗や葛藤があるのが普通じゃないだろうか。

逆に言えば、それはハッテン場での出会いや恋愛、セックスがMSMの人たちにとって比較的「軽いもの」だったということを意味しているのではないだろうか。

一般的には誰かとセックスをするとか、誰かと恋におちる、というのは、かなり真剣な話のはずだ。ふつうは相当な覚悟を持って、愛を告白して、セックスに誘う。あるいは告白をためらい、セックスもあきらめる。

ところが、ＭＳＭの人たちにおけるハッテン場のコミュニティーでは、そもそものつもりで人が集まってくることもあってか、セックスは簡単に手に入る「軽い」存在だ。そんな気がする。少なくとも、一定のＭＳＭの人たちにとっては、そうなっている可能性はある。

ハードルが下がった恋愛とセックスは、それをあきらめるときのハードルも下げてしまう。恋愛やセックスの刹那性は、恋愛やセックスの「重さ」をなくしている部分がある。

「医学的には正しい」、セックスをしないという選択

ＭＳＭのＨＩＶ感染者が恋愛やセックスをあきらめること。それは、純粋に医学的な、あるいは感染予防的な観点からは、望ましい態度だ。なんといっても、性感染症を予防する最良の手段は「セックスをしないこと」なのだから。

すでに指摘したように、コンドームは感染予防には有効だけど、完璧なツールではない。破れることもあるし、着け損なうこともある。一般に医療において「１００％」と

いうものは存在しない。

しかし、「しないセックス」は感染症を伝播《でんぱ》しない。これは100%といってよい予防策だ。「コンドームを着けてセックスをする」よりも、「セックスそのものをしない」「誰とも付き合わない」のほうが、医学的には安全な選択肢なんだ。

でもなあ。とぼくは思う。それで本当によいのだろうか、と。

あるリスクを回避することをアブスチネンス（abstinence）と言う。アブスチネンスは、リスクを全否定し、リスクそのものから離れる態度を意味する。

コンドームのようなリスクを減らすツールは、リスクを減らすけれども、決してゼロにはしてくれない。しかし、「冒さないリスク」はリスクをゼロにしてくれる。だから、アブスチネンスはもっとも有効なリスク回避方法なんだ。

タバコの健康リスクは、タバコを吸わなければ回避できる。酒のリスクは酒を飲まなければ回避できる。交通事故のリスクは、運転しなければかなり減らせる。外に出なければもっと減らせる。刃物で怪我《けが》をするリスクは、刃物に触らなければ回避できるし、転ぶリスクは、歩かなければ（あるいは、立ち上がらなければ）回避できる。

アブスチネンスは全てに勝る、医学的に有効なリスク回避方法なんだ。

リスクを冒せ?

しかし、少し考えてみると、おかしなことがあるのに気づく。なぜなら、ぼくらはしばしば「リスクを冒せ」と全く逆のことも勧められるからだ。

最近の若者はリスクを冒さない。もっと挑戦しなきゃだめだ、冒険しなきゃダメだ。みんなもそういうこと、言われたことありませんか。最近、日本人の海外留学が減っているそうで、そういうのも「リスクを回避するよくない態度」と批判されている。

テレビでサッカーの試合を見ていると、必ずと言ってよいほど解説者が「もっとリスクを冒さなければいけませんね。リスクを恐れてはいけません」と言っている。経済の世界では、「リスクを怖がっていてはだめだ。銀行に預金していても仕方ないから、株や不動産に投資しなさい」というエコノミストがたくさんいる。

リスク、というと言葉が悪いけど、「挑戦」とか「チャレンジ」というと途端にポジティブな印象を帯び始める。リスクも挑戦・チャレンジも、イメージこそ異なれ、どれも「同じこと」を表現している。

ぼくらは、リスクを回避しろと言うけれども、その一方で、リスクを背負えと、リスク上等みたいな肯定的なコメントもする。ずいぶん理不尽な話だけど、これが現実だ。

では、我々はリスクとどう向き合ったらよいのだろう。回避するのか、受け入れるのか。

リスク回避は「正しい」けれど、意味がない

2009年にインフルエンザの世界的流行が起きた。当時「新型インフルエンザ」と呼ばれた問題だ。覚えている人もいるかもしれないね。

インフルエンザは咳《せき》やくしゃみで感染する。だから、マスクや手洗いでウイルスが身体に入り、感染を起こすリスクを減らそうとする。でも、マスクも手洗いも効果はそれほどでもないから、毎年たくさんの人がインフルエンザになってぼくらの外来に来る。

かくいうぼくも、今シーズンは（生まれて初めて）インフルエンザになった。ワクチンも打っていたし、マスクも手洗いもばっちりだった（と思う）けど、防御策は完全じゃ

ないんだ。

とはいえ、実はインフルエンザには「完璧な」予防方法がある。それは「外に出て人に会わないこと」。つまり、家に引きこもってしまえばよいのだ。感染経路を遮断すれば感染症の予防には有用だ。しかし、感染経路が存在しなければ、感染症は100％発生しない。パスツールの教え通りである。

インフルエンザについてもこの原則は通用する。インフルエンザ・ウイルスは空中での飛距離はせいぜい数メートルというところだ。家に閉じこもり、窓もドアも閉め切って生活していれば、人から飛散するインフルエンザ・ウイルスはみんなの体には届かない。「絶対に」インフルエンザになることはない。

しかし、ぼくも含め、世界の感染症の専門家は2009年の（いわゆる）「新型インフルエンザ」のパンデミックの時「家にこもっていて外出するな」とは言わなかった。それが最良の感染予防だということは火を見るよりも明らかなのに、だ。

みんなが家に閉じこもっていれば、インフルエンザのリスクは完全に回避できる。しかし、それは別のリスクを生んでしまう。学校での授業は阻害され、会社での仕事はできなくなり、商売は滞り、経済活動は停滞する。そんな選択、できないよね。なにより、家に閉じこもっている毎日は、多くの人にとっては楽しくない。

アブスチネンスはリスクを完全に回避することを可能にするほとんど最良の方法だ。しかし、それは別のリスクを生んでしまう。感染症だけがリスクなんじゃない。「楽しくない毎日」だってやっぱりリスクの一つなんだ。

旅行医学で学んだ、アブスチネンスではないリスクの回避

「旅行医学」という比較的新しい専門分野がある。英語ではトラベル・メディシン（Travel Medicine）という。

その名の示唆する通り、海外旅行に関連した健康リスクを防いだり、海外でかかった病気を治療するなど、旅行にまつわる健康問題を扱う専門領域だ。ぼくは感染症のプロでもあるけど、海外には海外特有の感染症も多い（エボラとか、ジカ熱とか）。なので、旅行医学についても専門的な勉強をしている。海外の定番の教科書を和訳して出版したりもしてきた。

海外旅行に行く時、感染症にかからない方法、感染症以外の病気にならない方法、持病が悪くならない方法、怪我をした時の対応方法、時差ボケを減らす方法……こういう方法は医学的に研究されている。そういうのをまとめて、海外旅行に行く人にアドバイスしたり、旅行から帰ってきてから体調を崩した人に医療を提供するのが旅行医学の専門性だ。

しかし、やはりなんといっても確実なリスクヘッジ方法は「海外旅行に行かない」ことだ。どんなに専門的なアドバイスをしても、「ゼロリスク」は達成しがたい。

行かない旅行はリスクを生まない。安全な水や食料、治安の良さ。日本以上に安全な国をぼくは他に知らない（まあ、自然災害は多いですけど）。エボラも、犯罪も、テロも（あまり）気にしなくてすむ。

では、ぼくら旅行医学の専門家は、

「こんど卒業旅行でバリに行くんですけど、むこうで流行《はや》ってるデング熱とかどうやって予防すればいいんですか」

と訊《き》かれて、

「ばかだねえ。バリ島に行かなきゃいいんですよ。日本に留まっていればまずデング熱にはなりません。お金も節約できますよ」

なんてアドバイスすればよいのかな。そんなヘタレな専門家のところには、みんな相談に行きたくないよね。

何が言いたいのか、伝わったかな。そう、リスクの（ほぼ）完全なる回避は、リスク対象から完全に逃げてしまうことで達成できる。セックスにまつわるリスクも「セックスをしない」ことで回避できる。

でも、それじゃ、意味ないじゃん、とぼくは思うんだ。

旅行医学外来では、「旅行に行くな」ということはほとんど言わない。心臓が悪くて飛行機に乗れないとか、妊娠週数が進んでいて旅行のリスクが大きすぎる時などにはまれに「やめておいたほうがよい」と言う。

でも、たいていの場合は「行くな」ではなく、「行くとしたらどういう条件下で最大限のリスクヘッジをしながら旅行を楽しめるか」という観点からアドバイスをする。

なぜなら、「旅行に行くな」は絶対に正しいリスクヘッジ方法だけど、それは「旅行に行きたい」という相手のニーズと全く嚙《か》み合わない、正論なんだけど「意味がない」アドバイスだからだ。

旅行に行きながら、旅行のリスクをゼロにはできない。旅行のリスクを完全にゼロにする唯一の方法は、旅行に行かないことだ。しかし、旅行に行きながら、工夫次第でリスクを最小限に抑えることは可能だ。そして、そちらのほうがはるかに高いレベルの専門性と知識と技術が必要だ。

だからぼくは、知性を駆使して、「旅行に行きながらも、そのリスクを最小限にする」というより難しい課題に挑む。それが、「相手のニーズを満たしながら、健康リスクについても十分に配慮する」ということだ。

イエスでもあり、ノーでもある——両義的ロジックを使いこなそう

伝統的に、日本の医者は旅行医学外来でやるような、「リスクを甘んじて受けながら、配慮する」という、「プラスをしながら、マイナス」、的な複雑な言葉の使い方に慣れていない。したがって、このような言葉の使い方を苦手とする医者は多い。

だから、ものごとをシンプルに「全肯定」か「全否定」してしまう。酒は飲むな、タバコは吸うな、薬は飲め、検査を受けろ、入院してろ……というわけだ。

こういうふうに、一方的に患者に命令するほうが、簡単だからね。判で押したように、同じようなやり方を全ての患者に適応させればよいのだから。

でも、ぼくはこのような「全肯定、全否定」する一律な医療（そしてたいていは全否定する医療）は「（一面）正しい」けれども、とても「つまらない」と思う。

健康は大事だ。でも、人は健康でいる「ために」生きているのではない。健康は人生における大事な価値だけど、人生のすべてではない。健康は手段であっても、目的ではない。

健康だけを最優先事項とし、それ以外をすべて否定すれば、確かに長生きできるかもしれない。しかし、健康「だけ」を獲得しても、それが人生全体にとってよいことなのか、というと「そうじゃないだろう」、とぼくは思う。例えば、「健康のために一生セックスをしない」「海外にも行かない」のは、けっこう、つまらない人生だとぼくは思う。

もちろん、ぼくは健康そのものを全否定しているわけではない。健康を肯定する、だけど健康の全肯定という極論には走らない、ということだ。

これは、「イエスでもあり、ノーでもある」という複雑な話だ。

ぼくが尊敬する武道家に内田樹《たつる》先生がいる。このプリマー新書では『先生はえらい』という画期的な本を書いている、武道家であり、哲学者であり、いろいろなことをやっている先生だ。

1970年代に内田先生は多田宏《ひろし》師範という合気道の先生のところに行き、弟子入りを志願した。

多田師範は「なぜ合気道をやりたいのか」と内田先生にその動機を尋ねた。まだ若かった内田先生はシンプルに、「ケンカが強くなりたいんです」と答えたという。

すると、多田先生はこう言われたそうだ。「そういう動機で始めてもよい」と。

内田先生はぼくにこうおっしゃった。

「多田先生は、イエスと言いながら、同時にノーと言ったんです。そういう動機はダメなのだ。けれども、今はそれでもよいのだ、と」

イエスと言いながら、同時にノー、というのは難しい考え方だ。でも、大事な考え方だ。健康は大事だ、でも健康は（医者が信じているほど、案外）大事ではない、というのも医療における大切な「イエスと言いながら、同時にノー」なんだ。伝わるかな。

日本の医者は、一般的にこのような両義的なロジックが苦手だ。多くの医者は受験的なスキルがとても高く（だから医学部に合格したんです）、そして受験的なロジックに慣れ親しんでいるからだ。

受験においては正しい答えは常に一つであり、「イエスもノーもどちらも正しい」という答えはない。あったら、大混乱だ。だから、医者はついつい、イエスの時はノーはありえず、ノーの時はイエスはありえない、と背反的に考えてしまいがちだ。

でも、現実の世界にはこのような「イエスでもあり、ノーでもある」という両義性に満ち満ちている。その世界観をうまく理解できないから、医療はしばしばヘンテコになってしまう。

「イエスでもあり、ノーでもある」を苦手とするのは医者だけではない。多くの患者さんも「正しい、唯一の回答」を病院や医者に要求する。いや、日本人の多くはグレーゾーンの回答を嫌い、「イエスかノー、正しい唯一の回答」を求めているようにも見える。

しばしば、そんなものは存在しないのだけど。

セックスをしない、という選択肢はある

そんなわけで、セックスはリスクだ。でもセックスは大事だ。どちらも正しいんだ。

セックスの背後にある恋愛もまたリスクがある。ふられるリスク、傷つくリスク。

でもやはり、恋愛は大事だ。ぼくたちの人生を豊かにしてくれるのが恋愛だ。たとえ成就しない、失恋に終わる恋愛ですら、それは人を成長させてくれる（まあ、とは言っても、失恋は嫌ですけどね）。

セックスはリスク行為なのは事実だけど、セックスは必要だよ。だって、人間がセックスをしなければ、人類が滅んでしまうからね。こういう「わかりやすい」反論もあるかもしれない。

でも、こういう理屈はぼくは好きじゃない。

このような「セックス＝生殖、人類維持のために必要」といった効用論は頭で考えた「屁《へ》理屈」、机上の空論に聞こえるからだ。

だいたい、「人類の維持」のためにセックスをしている人なんて、世の中にどのくらいいるんだろう。ほとんどゼロじゃないかな。もちろん、「自分の子どもが欲しい」という人はたくさんいるけれども、「人類」は関係ない。

「なんとか一家」が滅びてしまう……と一族の存続のためにセックスをする、「子どもが欲しい」と出産を目的としてセックスをする。こういうケースは、確かにあるといえばある。でも、昔から日本では養子縁組が普通だったから、本気で一家を維持したければ養子をとればいいだけの話だ。

「血筋」を大事にする人もいて、「養子はいやだ」という意見の人もいるかもしれない。でも、最近は体外受精の技術もある。

現代社会においてセックスはやはり必ずしも必須のアイテムではない。

本気の本気でセックスを回避したければ、方法はどこかにあるものだ。よって必然性のみでセックスの存在を肯定することはできない。リスクをヘッジするためセックスはなしっていうのが合理的な判断だ。

しかし、それは「合理的なんだけど正しくない」。

セックスは手段ではない。目的である

というわけで、屁理屈はやめましょう。

多くの人にとって、セックスは、「やりたいからやる」のだ。

こういう「Aだから、A」という言い方を循環論法と言う。普通はよくない論法だ。でも、セックスの目的を論ずる場合に限定すれば、循環論法（ぐるぐるロジックがまわってる）でいいのだとぼくは思う。

その循環論法のなかで、セックスは手段ではなく、目的としてとり扱われる。

ジャレド・ダイアモンドというとてもユニークな生物学者がいる。彼には、『人間の性はなぜ奇妙に進化したのか』という本がある。原題は「*Why is Sex Fun?*」つまり、「なんでセックスは楽しいの？」というタイトルだ。原題のほうが、本書の内容をより正確に言い当てていると思う。

ダイアモンドは言う。人間のセックスの奇妙なところは、セックスの大きな役割に「妊娠、出産」があるにもかかわらず、正確な女性の排卵日がわからない点である、と。

いったい、どういうことだろう。

人間の場合、女性の排卵日は、いろいろな方法で推測できるけど、ぱっと見ではわからない。「あの子はいま排卵中」とか外見ではわからないでしょ。本人ですら気づいていないことが多いよね。

ところが、多くの動物は、排卵前後にだけ「発情期」に入り、発情期にだけセックスをする。例えばヒヒなどでは、発情期に外見や体臭の変化が生じ、オスもそれに気づく。排卵していなければ卵子がなく、卵子がなければ精子と結合して受精卵になれず、受精卵ができなければ妊娠できない。

多くの動物にとって、妊娠・出産こそが、もしかしたらそれだけが、セックスの目的だ。だから、排卵前後以外には発情せず、セックスをしない。

よく性的活動に活発な人を「犬や猫みたいに」セックスに励む、と揶揄《やゆ》するけど、これは犬や猫に失礼だよね（笑）。人間だけが、妊娠・出産の可能性とは関係なく、発情してセックスに励むのだから。「犬や猫みたいに（と我々が表現する）」セックスに励むのは、人間だけだ。

人間の発情と排卵は同期していないから、子どもを産むという観点からは、効率的なやり方ではない。人間は生物学的に、セックスが「無駄打ち」になりやすい生き物だ。

人間は進化論では一番最後のほうに位置している、（今のところ）進化論の最終形だと考えられている。地球上の生物でもっとも優れている（ところもある）その最終形の生物が、「わざわざ妊娠しやすいという効率的な戦略を（どこかに）捨ててしまう」というのは奇妙な話だ。何か進化論に間違いがあるのだろうか。

でも、逆に言えば発情期がない（排卵日が正確にわからない）おかげで、人間は日常的にセックスを楽しむことができる。男性は、「今日は排卵日じゃないから、セックスはしませんよ」と突っぱねられることはない。女性のほうも、排卵日でない日にもセックスを楽しむことはできる。子どもができる可能性がないときでも、（純粋に快楽を目的とした）セックスが可能になった、というのは一種の「進化」と言えるのかもしれない。

嘘だと思うなら、こういう想定質問はどうだろう。質問をするというのは大事な習慣だ。

もし神様が「排卵期にだけ発情できるよう、さらに人類を進化させてあげよう」とおっしゃったとしよう。それにのって「はいはい、ではどうぞ私を進化させ、排卵期以外には発情できないようにして、より効率的な人生を歩ませてくださいませ」と望む人はどのくらいいるだろうか。たぶん、あんまりそういう人はいないいんじゃないかとぼくは思う。ぼく自身もそんな「進化」は望みたくない。

なぜ、人間は排卵期以外でも発情できるのか、神ならぬぼくにはわからない。でもこのメカニズムは、セックスを手段ではなく、目的であると考えれば、矛盾がない。

女性が閉経をむかえ、子どもを産むことができなくなってからも、人間はセックスを続けることができる。これも人間にとって、セックスが単なる受精・妊娠のツールでないことを説明する一つの根拠だ。

低くなっているセックスへの欲望総量

MSMの人たちにおいては、セックスはハッテン場に行けば刹那的に手に入る。セックスへのハードルはとても低く、セックスという体験も比較的簡単に手に入る。

しかし、そのハードルが低い割には、いや、低いがゆえにだとぼくは思うけれど、例えばＨＩＶ感染とかが起きると、すぐにセックスに対する欲望は抑え込める。すなわち、セックスへのハードルが下がった分、セックスの価値も下がってしまったんだ。
社会学者の宮台真司は、１９９０年からゲイ（男性同性愛者）を取材して、次のようなことを指摘している。

印象的だったのは、ゲイの人々の一番のなやみが「からだの関係にはすぐなるけど、恋人が見つからない、長続きしない」ということだったこと。いまの若い人たちのなやみにとても似ている。

（宮台真司『14歳からの社会学』（ちくま文庫）より）

同性愛者の間でセックスの閾値《いきち》が下がり、それが同性愛者でない人の間でも増えている。恋愛ができず、恋人ができず、できても長続きしない。
かつてはとてもハードルが高かった男女のセックスも、現在は手に入りやすい。ええ？　出会いなんて全然ないよ、という人もいるかもしれないけど、昔に比べればずっと出会いの可能性は高いんだよ。

昔は……まあ、数十年前は……男性が女性を口説くのが一大事で、女性が男性を口説くことは多くなかった。中高生で付き合ってるカップルも多くはなかったし、かりに付き合っていてもセックスに行くまでもハードルは高かった。女性もそう簡単には「させてくれ」なかった。女性に至っては、（前述のように）性欲なんて存在しないかのように振る舞うことが社会的に期待されていた。昔、『東京ラブストーリー』というマンガ（かつドラマ）で主人公の女性が「セックスしよ！」というセリフを言って話題になったけど（知らないよね）、「話題になった」こと自体、そういうことを女性が口にすることのタブー性の逆説的な証左だ。

しかし、昔に比べると、若い男女は簡単に付き合える。付き合うと、すぐにセックスできる。男は「やりたい」と言い、女は「やらせて」くれる。これは男目線の表現だったかもしれないけれど、女性がセックスをしたい場合だっておんなじで、以前ほど強力なタブー性はそこにはない。

かつてはとてもハードルが高かったセックスは、現在では相対的に、とてもハードルの低い、小さな存在になった。男性が女性を手に入れる、女性が男性を受け入れるハードルが低くなった。

その結果、異性と付き合いたい、セックスしたいという欲望の総量そのものが少なくなってきたのではないだろうか。

ネットが普及し、性に対する情報が氾濫し、セックスに対するハードルはぐんと低くなる。2005年くらいまでは、すぐに付き合い、すぐにセックスをし（そして割と簡単に別れる）という傾向は増していった。セックスのハードルが低くなると、そのセックスの価値も低くなる。その結果、セックスそのものも減っていく。

「全く経験のない」童貞や処女であることに、昔の若者はとても焦ったり悩んだりしたものだ。しかし、今はそんなことはない。なにしろ、セックスの価値、セックスへの欲望そのものが下がっているのだから。「別にセックスしてなくたっていいじゃん」「童貞上等。何が悪いの?」とセックス経験がないことへの焦りもなくなってきたように思う。

これは若者だけの話じゃない。大人のほうも諸外国に比べると日本人は「セックスをしない」民族だ。

コンドームの販売で有名なDurex《デュレックス》社の調査によると、日本人はセックスの回数も満足度も諸外国よりもずっと低いのだそうだ（２００６年。http://www.durex.com/en-jp/sexualwellbeingsurvey/pages/default.aspx）。

日本の性感染症が、外国に比べて少なくないにもかかわらず、セックスの回数は少ない。結婚してから配偶者同士でのセックスが少ないことがその理由の一つの説明になっている。多くの日本の夫婦が「セックスレス」になってしまうんだ。日本は少子化が問題視されているけど、これもセックスレスが原因の一つになっている可能性は高い。

日本では結婚したあとのパートナーに対する性的価値、あるいは恋愛感情が他国に比べると目減りしやすいような印象がぼくにはある。「恋愛対象」だったのが、「給料の源泉」になったり、「家事や育児のリソース」になってしまうんだ。

昔の日本では、恋愛と性愛と結婚は別物だった。恋愛は恋愛、結婚はそれとは別、というわけだ。今でもそうだって？　そういう夫婦もまだまだあるかもしれないね。

日本でも平安時代にはすでに婚姻制度はあったけど、「妻と恋人は別」という区別はずっとあって、それをぼくたちは『源氏物語』などの恋愛文学から感じ取ることができる。夫婦の外にも恋人がいる。夫婦の間には恋愛はないことも多い。

妾《めかけ》を持たない形での、真の意味での一夫一妻制を説いたのは明治時代の初代文部大臣森有礼《もりありのり》だったという。それまでは「妻」と「恋人」が別々ってのは、おおっぴらにありだったのだ（もっとも、あくまでも男の側だけで、女性にその自由はなかったらしい）。

その森も離婚と再婚を経験している。そもそも森は結婚前の恋人とも一悶着《ひともんちゃく》あって、日本初の女医ともいわれる荻野吟子《おぎのぎんこ》に厳しく糾弾されている。まあ、なかなか理論と実際は嚙み合わないわけで、森にとっても「結婚」と「恋愛」の統一は困難だったんだね。

坂爪真吾《さかつめしんご》の『はじめての不倫学』（光文社新書）によると、（キリスト教的）ヨーロッパでの一夫一妻制度が確立したのは9～10世紀くらい。その後で、12世紀に恋愛という概念が生じたという。はじめに結婚制度、ついで恋愛なんだ。ヨーロッパでも両者の統一は困難だったみたいだね。

別々な概念だった恋愛と結婚。日本でこれを一致させようとしたのは近代の北村透谷《とうこく》や国木田独歩《くにきだどっぽ》だ。そして、これを実現させるべく、北村や国木田は恋愛対象の女性と結婚しようとした。
しかし、北村も国木田も結婚生活は失敗してる。なぜなら、彼らは妻に家事を押し付けていたからだ。そして、そうしておきながら、家事をしている妻に幻滅したからだ。

北村や国木田にとって「専業主婦」になってしまった妻は、すでに女性として魅力がなくなった存在だった。だから、結婚生活もうまくいかなかったのだ、と評論家の吉本隆明《たかあき》は説明している（『超恋愛論』〈だいわ文庫〉）。だからといって、自分が家事を手伝うでもないわけで、明治時代の男ってずいぶん勝手だよね。

でも、こういう男性は現在でもけっこう、多いと思うよ。結婚後に女性に対する恋愛感情が消えてしまい、「家事をする人、子育てをする人」になってしまう。いや、女性だってそうかもしれない。かつての恋人が今や「給料を持ってかえる人」に転じてしまう。

明治以前の日本では結婚は家も巻き込んだ「制度」だった。作家など先進的な人物はそこに「恋愛」を取り込もうとした。しかし、男たちは憧れのマドンナが家で家事や育児をするようになって妻に（恋愛の対象としては）幻滅してしまう。

妻のほうも、これまで優しく紳士的だった男性が、籍を入れると家事一つ手伝ってくれない冷酷な人物に変じてしまうのを見て、男として幻滅していたかもしれない。いや、たぶん、そういう事例は多かっただろう。

こうしてそのまま夫婦はセックスレスになり、男は場合によっては「外に女を囲う」ことで性欲を満たしたりしていた。もしかしたら、女性のほうにも「アンナ・カレーニナ」的な不倫はあったかもしれない。

セックスが「手に入りやすい」ものとして価値が低下してしまうと、みんながあまりセックスをしたい、という強い欲望を持たなくなり、そしてセックスはあまり行われなくなる。夫婦の間でもこのようなロジックは通用する。夫婦として同居し、理論的には毎日セックスができる環境におかれる。しかし、人はよけいにセックスをしなくなってしまう。

まあ、それでいいじゃないか、という考え方もあるだろう。セックスの価値が下がり、セックスレスが増えたって、別に悪いわけじゃない、と。ぼくも別にそれが「悪い」とは思わない。

繰り返すけど、性やセックスは極めて個人的なものだ。そこでは多様な価値観や世界観が反映され、また多様な価値観や世界観が尊重される（されるべきだ）。したがって、セックスの価値が下がり、セックスをしなくなる人がいたとしても「それは個人の自由」であり、他人にどうこう言われる筋合いのものではない。まさに「人のセックスを笑うな」だ。

一般的に、日本は「みんないっしょ」でなければならない、同質性の高い社会だ。同調圧力による「周りと違う」ことを嫌がる風潮がある。

でも、ＭＳＭなど、ＬＧＢＴが（少しずつ）社会に受容されつつあるように、「セックスをしない」「セックスの価値が低い」という価値観も、多様性の中で許容してもよいのかもしれない。「他人がわたしと違うこと」は、必ずしも悪いことではない。

平成の現代も、日本の社会はいまだに強烈な「男中心社会」であり、日本の政治家も官僚もほとんどその「男中心主義」にどっぷり浸《つ》かっている。だから、女性が社会で活躍しながら、出産・育児にも積極的になる社会なんてイメージできていない。

例えば、大学なんかでも「女性教員を積極的に採用します」なんて言っておきながら、平気で夜遅くまで会議をやったりする。これじゃ、育児中の女性は（男性も！）とても迷惑だ。日本政府の「少子化対策」なんてうまくいく可能性は極めて低い。

いずれにしても、「生き延びるためのスキル」としての性教育の必然性は、最終的には「セックスをしない」というのがもっとも安全という結論を導き出す。

しかし、ぼくは「リスクをとらない」という結論は目的と手段をとっ散らかした下策だと考える。その一方で、「セックスをしない」という選択肢を積極的に許容し、多様性を積極的に歓迎しようともぼくは言う。

なんだかぼくの主張は支離滅裂になりつつあるように見えるけど、ぼくの中ではこの理路は一貫している。もう一つ迂回路《うかいろ》を取ることで、その理路の一貫性がお示しできるはずだ。

五時間目　絶体恋愛という可能性

多様性を認める寛容な社会では、一意的に「正しい」恋愛やセックスなんて存在しない。それぞれにとって、自分にとって「正しい」恋愛やセックスがあってもよいとぼくは思う。

それでも、ぼくはここで全く異なる提案をしたい。「正しい」セックスはないかもしれないけど、「よりよい」セックスはあるんじゃないか、という提案だ。その一法が「絶対恋愛」というわけだ。

絶対恋愛の存在可能性

絶対恋愛とは何か。絶対とは、「相対ではない」という意味だ。

つまり、他と比較してこちらのほうがよい、というやり方ではなく、「この人だけが、恋愛対象の全て」と誰とも比較しない形でひとりの人を愛するような態度のことだ。

絶対恋愛のなかでは、性とセックスも手段ではない。「目的の全て」だ。その価値は、（比較の対象がありませんから）相対化されない。

絶対恋愛の原則は、

〈その1〉ひとりの人だけを長く愛し続ける、生涯愛し続けるような気持ちで愛する。セックスの対象もそのひとりだけ。

〈その2〉「わたし」よりも常に「あなた」を優先させる

この二つだけ。全然、難しい原則じゃないよね。

これを性教育にとりこみ、「絶対恋愛を強制するのではなく、その存在可能性を提案する形で、恋愛という感情も込みにして性教育を行う」ことを、ぼくは提案したい。

「絶対恋愛」を取り入れれば、セックスの相手はひとりだけだ。性感染症のリスクは（結果的に）非常に小さくなる。

セックスの相手がひとりしかいないことをモノガミー（monogamy）と言う。これはアブスチネンスと並んで性感染症を減らす有効な方法だ。セックスの相手が少なければ、（相手が多い時に比べれば）感染源との遭遇可能性も減る。だから、妊娠に関連したリスクも減らすことができる。

長く愛する恋愛対象とのセックスだから、その価値はずっと高い。ぼくはそう考える。行きずりの、その場限りの、なんとなくのセックスではない、世界でたったひとりの愛する人とのセックスだ。非常に価値の高いセックスは、セックスを「よいもの」にしてくれる。

しかも、ここでポイントになるのは、そのモノガミーが「リスクを回避するための手段」ではなく、「目的」になっていることだ。すなわち、自ら望んで、絶対恋愛と価値の高いセックスを獲得し、その結果、おまけとしてリスクヘッジもできてしまう。

これは、「健康のためにセックスなしで生きる」という本末転倒なリスクヘッジと真逆な態度だ。

健康を目的にするのではなく、絶対恋愛を目的にすることで、「結果として」健康リスクを下げるのだ。

アメリカなどでも近年、セックスに関連したリスクをヘッジするために純潔教育が行われているそうだ。「結婚するまでセックスはするな」というのだ。

いやいや、「絶対恋愛」なんて絶対無理。そういうツッコミも聞こえてきそうだ。そういう読者のみなさんのために、もう少し説明をしたい。

「ひとりの人だけを、ながく、ずっと愛し続ける」ことなんてあ、り、え、な、いと考える人も多い。存在不可能であると。ぼくがお話ししてきた多くのMSMたちが「ありえない」と言っていたように。

本書ではその「ありえない」を「それもありかも」に転じることを提案したい。個々の性やセックスや恋愛観を十全に尊重するのと、それは矛盾しない。

最終的に、個々人が「絶対恋愛」を選択しない。それはありだと思う。

ただ、そのような恋愛の形が「ありえない」と最初から想定外とするのは、もったいない。あくまでも選択肢の一つに入れておいてほしい。

恋愛や性やセックスのあり方は、個々が自由に自分の意思で決めるのがよい。でも、最初から選択肢を全否定した状態では、「自分の意思」もなにもない。

だから、選択肢があることだけはこちらから提案したい。「正しい」情報を提供するのではなく、「選択肢」を提供すること。それが、個々の価値観と世界観の多様性を尊重し、かつ生き延びるためのスキルを提供するような、望ましい、そして新しい性教育のあり方だとぼくは思う。

「あなた」の全体性

「絶対恋愛」に登場するのは、「わたし」、そして「あなた」だ。

では、その「わたし」とは誰か。「あなた」とは誰か。

「あなた」とは、「全体性」を持った相手のことだ。前述のように、部分の集合としての相手ではない。「顔」とか「おっぱい」とかそういうパーツの集合体ではない、総合的な存在だということだ。

部分の集合とは、言い換えれば条件の積み重ね、という意味でもある。こんな顔、こんな性格、こんな学歴、こんな収入……といった部分の積み重ねが作る全体像、ということだ。そういう条件を満たして、恋愛対象が決定される、というやり方だ。ほら、昔「三高」なんて言い方があったでしょう。高学歴、高収入、高身長。こういうのが「条件」である。それを積み重ねて恋愛対象を作るのが、「部分の積み重ね」ということだ。

しかし、「絶対恋愛」においては、条件なんて問うてはならない。それでは「絶対」にはならず「相対的な」恋愛になってしまうからだ。部分がどうなっているか、相手の学歴がどうか、おっぱいの形や大きさがどうか、という情報は「事後的に」ついてくるもので、それは相手を選ぶ条件にはなりえない。まあ、最初はそういう「学歴」とか「おっぱい」とかがきっかけになることはあるかもしれないが、そういう条件を根拠に値踏みすると、絶対恋愛は成立不可能になる。

なぜかというと、「条件」を根拠とした恋愛は常に「相対的」だからだ。「相対的」というのは、他の誰かと比べて……ということだ。

例えば、「わたしはお金持ち（高収入）と付き合いたい」と考えたとする。条件としての高収入だ。

そうすると、目の前に金持ちが現れ、「条件を満たしている」という理由で、あなたはその人に恋をするかもしれない。

しかし、そのような「条件付き」の恋は長続きしない可能性が高い。なぜならば、もしその人物がお金を失って貧乏になってしまったら、「条件を失った」その人を愛する理由がなくなってしまうからだ。あるいは、「もっとお金のある人」を見つけたら、そちらの人物のほうに気がうつってしまうからだ。

他者との比較でしかものを語らない人や、偏差値のような順列でものを考えていると、「絶対恋愛」には到らない。絶対恋愛とは「一番の人を愛する」ことではなく、誰とも比較なんかしようがないような形で「あなた」を愛するということなのだから。

一般に、人の容姿は年齢が上がっていくと次第に衰えていくものだ。化粧やアンチエイジングを駆使したって、何十年もたてば、誰だって総じておじいちゃん、おばあちゃんになる。

もし、その人の容姿を「条件」として魅力を感じた場合、その条件が失われてしまえば、愛する理由も失われてしまう。より容姿の良い人に目移りしてしまう可能性が生じてしまう。

でも、「絶対恋愛」においては、「あなた」の全体性が「あなた」をなしている。「あなた」の部分がどんなに変化しても、「あなた」が「あなた」でいることは不変だ。その「あなた」が対象であるかぎり、恋愛感情は目減りしない。「全体性」が根拠になっているので、「条件」の存在、非存在は関係ない。「好きだから、好き」という循環論法だ。セックスしたいから、するという循環論法と同じで、手段ではなく目的として対象を扱うとはそういうことなのだ。

生物学者の福岡伸一が『生物と無生物のあいだ』（講談社現代新書）で指摘したように、人間は「動的平衡」を保っており、その細胞の組成は新しく食べる食べ物の成分に置き換えられる。数カ月後にはぼくらの肉体の成分はすべて新たに食べた食べ物に置き換えられてしまう。そうやって平衡を保ちつつもゆっくりと人間は成長し、変化し、あるいは老化していく。鴨長明《かものちょうめい》が『方丈記』で述べたように、

行く川のながれは絶えずして、しかも本の水にあらず。よどみに浮ぶうたかたは、かつ消えかつ結びて久しくとゞまることなし。

なんだ。ぼくらは常に変化し続ける。明日のぼくは、すでに今日のぼくとは違う。でも、「ぼく」も「あなた」も自分のアイデンティティーは保ち、全体としてはその一貫性を維持している。考えてみれば、不思議な話だ。

誤解のないようにここで確認しておくけど、「あなた」の同一性とは、けっして「記号」のことではない。二十年後のあなたと、今のあなたは同じ名前を持っている、というような記号的な意味で不変なのではない。

記号はあなたを指し示すもの、難しいフランス語で言えばシニフィアンだ。でも、記号はあなた「そのもの」ではない。でなければ、それは単なるブランド信仰になってしまう。「あの人は有名な俳優だから（だったから）好き」といったブランド信仰だ。

ぼくらが愛すべきは「記号」ではなく、その人「全体」だ。変化し続ける容姿、境遇、性格などをひっくるめて全体的な「あなた」という存在なんだ。ずいぶんややこしいことばかり言ったけれど、なんとなく雰囲気はつかめただろうか。

お互いに他者を優先させるということ

世の中には男と女がいる。当たり前だ。当たり前だけど、不思議なことだ。どうして男と女、二種類の人間がいるんだろう。

え？　子孫を残すため？

でも、世の中には雌雄《おすめす》がなくても子孫を増やす生物だってたくさんいる。ただ単に子孫を増やしたいだけであるなら、なにも男女の違いがある必要はない。細菌のように分裂して増えていけばよいだけの話だ。

昔は、女は男に仕える劣った役割を担っているのだ（そのために女が存在するのだ）、なんて説明もなされたこともある。

この手の説明は、奴隷制度や人種差別を正当化する時にもよく使われるけど、たいていデタラメだ。今でも女性を男性に従属する存在だととらえている人は多いけど、全く間違っている。

男と女は違う。その違いを無視するのは乱暴な話だけど、「違い」と「優劣」は別問題だ。

「違い」を「優劣」に置き換えてしまう態度を差別と言う。全ての差別は間違っている。「絶対恋愛」において「あいて」は「わたし」よりも大切な存在だ。差別者のように相手を貶《おとし》めない感じ方だ。「あなた」の「わたし」に対する絶対的な優位を認め、これを基本形とする。

そして、その優位にはなんの根拠も与える必要はない。根拠のない絶対的な「あなた」の「わたし」に対する優位。これこそが「絶対恋愛」の基本スタンスだ。

「それって昔の夫に尽くす妻の姿、そのものじゃないの」という批判もあるかもしれない。一面的には、そのように見えなくもない。

でも、昔の「夫に尽くす妻」の姿は、心の底から、「わたしよりもあなた」と思っている妻ならば、「絶対恋愛」的に自らの欲望も満たしているのだからなんの問題もない。利己主義と利他主義は分かちがたいのだ。

ただし、これが「夫に妻は傅《かしず》くもの」というルールを守っているだけであれば、単に制度に組み込まれているのであればよろしくない。問題は、両者は外から見ていると区別は極めて困難だ、ということだ。

「絶対恋愛」においては全てが自発的な、「わたしがそうしたいからそうする」という気持ちでもって「わたし」よりも「あなた」を優先させる。だから、形式主義、制度的に従うわけではない。実質的には全然違う。

それに、「絶対恋愛」は双方向性で、女性が男性に尽くす、という一方的なものではない。その逆、つまり「男性が女性に尽くす」も同時に満たしている。そういう意味でも昔のそれとは全然違う。

男の「わたし」も「あなた」に尽くし、絶対的な優位の立場を与え、「あなた」を愛することを最大の目的とする。平等とか、相対とか、比較とかは、一切考えずに。

功利性を突き詰めると餓鬼道に陥る

男と女の二種類の人間がいる謎。その謎は未《いま》だに解けていない。ぼくらはそれを説明する上手な理由を持たない。ただそこには、男と女という二種類の人間がいるという事実と、それに対する驚きがあるだけだ。

セックスとは、考えてみると不思議な現象だ。男と女がいて、挿入するペニスがあり、挿入される膣《ちつ》があって、二つの別の生き物から、新たなもうひとつの生き物が誕生するというのは、よく考えてみれば実に不思議なことだ。

進化論である生物が選択的に進化していく（変化していく）という説明は納得いくけど、異なる二つの生物（男と女）が共に快楽を味わうように独立して進化していく、というのは進化論ではうまく説明できないような気がする。

昔、リチャード・ドーキンスという人が、「利己的な遺伝子」という概念を持ち出した。生物の目的は自分の遺伝子を残すことで、生き物は遺伝子の乗り物（これをミームと言います）に過ぎない、というのだ。

進化論は実験で証明できないのでドーキンスの見解が正しいか間違っているかは実験的に証明できない。でも、利己的な遺伝子、つまり遺伝子に軸足を置いて生物の行動原則を考えるのならば、モノガミーの一夫一婦制よりも、反対のポリガミー……いろいろな人とあちこちでセックスする、のほうが理にかなっている。

お金の世界ではリスクは分散せよ、と言う。Aという会社の株券に全財産を投資するのは賢くなく、株を買ったり、投資信託に投資したり、貯金したり、金やプラチナを買ったり、いろいろな方面に投資する方法がリスクの分散だ。これなら、どこかで失敗しても、大失敗にはなりにくい。

でも、人間社会の多くは一夫一婦制をとっている。離婚して再婚することはあっても、同時に複数のパートナーを持つ社会は少数派だ（あるけど）。これって遺伝子を残す、という「利己的な遺伝子」論からは矛盾する制度だよね。

加えて、遺伝子を残すという観点からは近年の少子化現象も理にかなっていない。「利己的な遺伝子」という遺伝子を残すことを目的にしている、という考え方はいろいろな生物現象をうまく説明はするかもしれないけど、全部を説明できる原理ではなさそうだ。

「絶対恋愛」は功利的な態度ではない。ちょっとこの人と付き合ってみて、だめなら別の人と付き合って、という「リスクの分散」をしたほうが、よりよいパートナーに出会える。「お金」のアナロジーでいうのなら。

でも、恋愛はお金のアナロジーでは語れない。

なぜなら、繰り返し述べたように、「別のよりよいパートナーがいる可能性」を念頭において、相対的に目の前の人と付き合い、セックスをするならば、必ず不満が生じ、「もっとよいパートナーの可能性」を考えてしまうからだ。そこに不満が生じるわけだ。

経済とは、資本主義経済とは「現状維持には満足できない」という人間の現状否定を肯定し、それをエネルギー源にして動いているところがある。この原則で恋愛を語ると、「いつでもよりよい相手を探す」という態度になる。「絶対恋愛」とはまさに真逆である。

でも、資本主義社会の原則は人の心を満たすことはない。お金持ちがいくらお金持ちになっても満たされないのは、「もっとお金持ちになる可能性」が未来永劫《みらいえいごう》消えないからだ。これって一種の餓鬼道だ。

嫉妬心の克服

人間のあらゆる感情の中で、一番やっかいで、御しがたく、かつ醜い精神は嫉妬心だ。これは恋愛に限らず、仕事、勉強、スポーツ、あらゆる領域においてもそうで、どんなところにでも嫉妬心は生じる。やっかいですね。

「絶対恋愛」においては、恋愛対象である「あなた」はつねに「わたし」よりも優位に置かれている。だから、「あなた」の美しさ、素晴らしさ、がんばり、快挙、すべては「わたし」にとっての喜びであっても、嫉妬の対象にはならない。「わたし」が何かを成し遂げるよりもずっと、「わたし」は「あなた」の成功を望むのだ。

したがって、「絶対恋愛」の内部（わたしとあなた）においては、嫉妬心は生じようがない。

それでも、「あなた」以外の他者には嫉妬心は生じるかもしれない。

嫉妬心をゼロにするのは、けっこう難しい。

では、このやっかいな嫉妬心をどうやったら克服できるのか。

一つには、嫉妬心をばねにして自分ががんばる、というやり方がある。心理学の言葉で言えば、「昇華」ってやつだ。これはライバル同士がお互いを伸ばしていく上で、とても有用なやり方だ。嫉妬心をガソリンにして、肯定的な目的のために、前に向かって走るんだ。

逆に、間違ってもやってはいけないのは、嫉妬心をエネルギー源にして「相手の脚を引っ張る作業」を一所懸命やってしまうことだ。でも、実はこっちのほうが多い。本当に。困ったことに。

特にインターネットが発達して以来、ソーシャル・ネットワークなどネット上で誰かを「dis《ディス》る」行為はとても普遍的だ。

「disる」人たちは、ネット上で誰かの脚を引っ張り、貶めることにものすごいエネルギーを使い、時間を費やし、血眼になって脚を引っ張る。全くみっともない行為だけど、本人はそのみっともなさに気づいていないようだ。

冷静になって考えてみたら、相手の脚を引っ張るのにどれだけエネルギーや時間を使っても、あなたのいる位置そのものが変わるわけではない。自分の価値が高まったり、立派な人間になることもない（その逆はあっても）。

だから、嫉妬心はぐっと抑えつけて、相手を賞賛する度量のほうを前面に出したほうがよい。自分より良くできた人を賞賛する度量は、相手にも必ず伝わる。それはあなたの価値を高めこそすれ、低めることは全くない。

もっとも、自分が嫉妬心を克服しても、他人の自分に対する嫉妬心だけはコントロールできない。こちらもけっこう時間と精神を浪費させられる困った存在だ。なるたけ相手にせず、柳に風と受け流すしかないみたいだ。願わくば、嫉妬するもの全てがいかに不毛な時間を割いて自らを苦しめていることを、自ら気づいて克服してくれればよいのだけど……。

信仰とも違う

今までの話を聞いていて、「じゃあ、絶対恋愛って宗教みたいなもの?」と疑問に思った人もいるかもしれない。鋭い指摘だと思う。そういう方のために、少しコメントしておこう。

男が女を愛するのは、あるいは女が男を愛するのは、「他者の他者性」を愛することだ。

それは、もしかしたら宗教心、神に対する信仰心と似ているようにも見えなくもない。

でも、恋愛と宗教は違うとぼくは思う。

一般的に宗教では特定の神の全能性を信仰する。神は絶対的な存在で、それは人知をはるかに超えるものだ。

「絶対恋愛」においては、「あなた」の全能性なんて信じる必要はない。おそらく、そんなものは存在しない。

全能性を認識するとは、相手の能力を査定するということだ。しかし、「絶対恋愛」においては相手の能力を査定する必要すらない。相手の能力の高低、自分との能力との優劣とは全く無関係なレベルで、絶対的に「他者」として愛する態度が「絶対恋愛」だかだ。全能性を前提しなくてよい、というのは宗教との大きな違いだ。

「絶対恋愛」は信仰ではないから、「あなた」の欠点や問題点にも自覚的になる必要があるし、時にはそれを糺《ただ》す勇気も必要だ。

でも、「あなた」の存在承認は全面的で100％である。「わたし」に対する「あなた」の優位という原則も揺らがない。恋愛相手に欠点があることは、（宗教と異なり）全く問題にならない。神の絶対性、完全性みたいなものを論ずる必要は、絶対恋愛においては皆無だ。

したがって、宗教と「絶対恋愛」は似て非なるものなのだ。

わたし中心主義に抗って

最近は、社会とか、会社とか、コミュニティーとか、家族とか、仲間とか、そういうものの価値が下がっている。会社に滅私奉公してもいいことはなく、家族は昔のように堅牢《けんろう》なものではなく、コミュニティーの多くは崩壊している。

そして、その代わりに出てきたのが、「個人の尊重」だ。会社よりも、コミュニティーよりも、家族よりも「わたし」が大事、という個人を大事にする考え方が強くなってきた。「自己実現」とか「自分探し」のような言葉が流行し、みんなが「自分」を強く意識するようになった。

多くの人は「自分大好きな人間」になり、多くの人は逆に自分が大嫌いになり、そのことを苦痛に感じるようになった。

なぜ苦痛に感じるかというと、「自分を好きになりたい」からだ。

「自分大好きな人」は自分が中心であり、自分が嫌いな人も、やっぱり考えの中心には「自分」があるんだ。

もちろん、「自分」は大事だ。自分を粗末に扱ってはいけない。大切にするべきだ。

でも、「自分が一番大事」というのも寂しい。

フェミニストの上野千鶴子《ちづこ》氏は、「おひとりさま」を推奨している。配偶者（ここでは主に夫）の面倒を見ながら老後を生きていくより、ひとりで生きていくほうが気楽、という考え方だ。

「自分が一番大事」という考え方であれば、確かに「おひとりさま」のほうが効率的な生き方かもしれない。

でも、私は「わたし中心」よりも「あなた中心」のほうが生き方としては美しいと感じる。「わたしよりもあなたが大事」という自己犠牲の精神は「わたし」の価値も高めてくれる。逆説的だけど、ある種、一番「自己実現」に近いのは自己犠牲的精神なんだ。

ある人は、ぼくにこう言った。「絶対恋愛なんて言って、自己を捨て、相手を絶対的に尊重すると、自己を愛せない、自己を持てない存在になってしまう」と。

もちろん、そんなことはない。「絶対恋愛」をしている自己は、自己そのものだからだ。自己なくして相手への絶対的な恋愛感情など持てるわけはない。「他者の他者性を大事にし、他者へのまなざしを大事にする」のが絶対恋愛だが、そのまなざしは他ならぬ自分のまなざし以外の何者でもないからだ。

自分は大事だ。でも、「わたし」よりも大事な存在がある。その「あなた」を大事にする「わたし」の精神は、この上なく美しい自己の精神だ。

「自分探し」はもうやめよう

多くの人が今の自分に不満だ。だから、「今の自分じゃない本当の自分」を探しに行く。これが「自分探し」だ。

まあ、ぼくも若い頃は「自分探し」をして悶々《もんもん》としていたから、これも理解できる。仕方のない「若気の至り」なのかもしれない。

でも、結局は今ここにある自分以外の自分なんて見つからない。ここにいる自分が、自分の全てなんだ。

ぼく自身も「今の自分」には不満が多い。しかし、「今の自分じゃない本当の自分」を探しにいったりはしない。どんなに不満でもここにたっている自分だけ。その厳しい現実から目を背けず、真正面から今の自分と向き合って、受け入れるしかない。

ありもしない「青い鳥」探しに汲汲《きゅうきゅう》として、「将来どうしよう」なんて夢想する暇があったら、覚悟を決めて、「今やること」に一所懸命になったほうがよい。その結果として（目的ではなく）未来は開けてくることもある。今を一所懸命に生きる以外に未来は開けない。「未来はどうしようかなあ」なんて夢想しても、未来は開けない。

恋愛が終わることだってある

「絶対恋愛」は「わたし」より「あなた」を優先させるような、一生その態度を継続させていくような恋愛だ。

しかし、残念ながら、「絶対恋愛」では「わたし」の「あなた」に対する気持ちは保証できても（それは、あなた次第です）、「あなた」の「わたし」に対する気持ちを保証できない。

相手にその気が最初からない場合もある。途中で心変わりが起きる可能性もある。

そもそも、「絶対恋愛」の相手を見つけ出す方法論とか、それを成就させるマニュアルとかが存在するわけではない。相手が見つかるかどうかは、運次第だし、告白して恋が成就するかどうかも、やってみなければわからない。自分の恋愛感情が本当に持続するかもやってみないとわからない。村上春樹の短編小説、「4月のある晴れた朝に100パーセントの女の子に出会うことについて」はまさにそんな「絶対恋愛」の対象と出会う物語だけど、その出会いはあまりに偶然的な一瞬の出会いだ（興味のある方はぜひ読んでみてください）。

しかし、出会いが計算でき、必勝のマニュアルが存在し、確実に成就できる恋なんて、ちっともときめく恋ではないじゃないか。振られる不安や嫌われる恐怖もコミで、恋愛感情は美しいんだ。そのような不安や恐怖があるから、長い時間、相手を大切に思い続け、おろそかにしないという意味でもある。

だから、「絶対恋愛」の失敗はあり得る。そしてその失敗の可能性がコミになっているから、恋愛はやはり素晴らしい。

万が一、恋愛が成就しなくて振られてしまっても、自棄になってリベンジ・ポルノに走ったり、ストーカー行為に及んだり、暴力を振るうことは許されない。相手が振ったとしても、「わたし」は「あなた」の幸せの最大化に努めなければいけないからだ。

いつまでも恋愛をひきずって、相手に迷惑をかけてはいけないから、「身を引く」覚悟も必要になることもある。それは、とても心が痛むことだけど、相手を傷つけるくらいなら、自分が傷つくほうを選択する、そのような覚悟を決めることが「絶対恋愛」なのだ。

古い映画で恐縮だけど、「カサブランカ」（マイケル・カーティス監督・1942年）のリック（ハンフリー・ボガート）のような、態度がそれだ。

「カサブランカ」で主人公のリックは、愛するイルザを助け、イルザの恋人のラズロも助け、自分はあえて身を引く。イルザのために、イルザの恋人まで助けてしまう。今見ても全然色あせない映画だから、ぜひ一度観てみるとよい。

「カサブランカ」のリックがそうであったように、たとえ失恋で自分の気持ちが傷ついても、自分の価値が少しも落ちることはない。リベンジ・ポルノなどに走って相手を傷つけてもかまわない、という身勝手な行為こそが「わたし」の存在を地に落としてしまうのだ。

「絶対恋愛」は表面的には利他的な恋愛だけど、利他的な行為こそが実は最大の利己的な行為であるともいえる。

立派に身を引く利他的な精神は、あなたの尊厳を守る意味で自分を利してくれる、つまり利己的な行為なのだ。

相手を傷つけてすかっとする行為は、一見利己的に見えるけど、実はあなたの尊厳を貶めてしまい、自分の利益にはならない。

このように、「利己」と「利他」とは分断しがたく絡み合った概念であり、きれいに分割することなどできない。利他的な行為にも利己があり、利己的な行為にも利他がある。そして、利己と利他の上手な統合こそが、「絶対恋愛」の理想とする姿だ。

「絶対恋愛」は「わたし」の尊厳を貶める、単なる奴隷根性ではない。「わたし」の本当の意味でのプライドをかけて、「わたし」を意図的に「あなた」の下位に位置する覚悟を決める、という騎士道精神に則《のっと》ったものなのだ。

このように、「絶対恋愛」は一人の相手を長く愛するコンセプトだが、現実にはその恋愛が途中で終焉《しゅうえん》を迎えてしまうこともある。例えば、相手の死とか。あるいは、もっと普通に単純に「振られる」とか。

しかし、それは「絶対恋愛」という概念そのものの否定にはならない。恋愛の終了は結果的に生じても、それを「前提」にはしていないからだ。離婚を前提に計算した結婚をするのとは、全然違う。結果的に終わってしまった恋愛であっても、愛している間は「永続する他に掛け替えのない恋愛」として心を占めているのだから。

だから、「結果として」、「絶対恋愛」を何度も経験する、という一見奇妙な現象も、場合によっては起こりうるかもしれない。これはあくまで、想像だけど。

それは計算してできることではない。計算した瞬間に、それは「絶対」ではなく「相対的な」恋愛になってしまう。

絶対恋愛は精神としての絶対恋愛観であり、その結果何が起こるかまでは予見できない。また、そのような予見と計算のもとに成り立つ恋愛は、「絶対恋愛」とは呼べないのだ。

会話が退屈にならない方法？　他者の他者性を大事にする

これは男性に多いんだけど、「相手の話を聞く」ことが苦手な人がいる。そのくせ、自分がしゃべるのは大好きだったりして。

男と女はいろいろな感じ方、考え方が異なる。それがお互いのイライラの原因になることも多い。

でも、不思議だと思わない？　なぜ、だったら、なぜ、ぼくらは異性に恋をするんだろう。

そんなこと当たり前じゃないか、と思う人も多いかもしれない。でも、一見「当たり前」に思えるものほど、よく考えると案外、とっても不思議だったりするものだ。

だって考えてごらん。ぼくらは普通、どういう人たちと仲良くする？　たいていは、気の合う仲間、自分と価値観を同じくする仲間と仲良くするんじゃない？　価値観が離れている人、価値観が違う人とは普通つるまないでしょ。

ぼくはこれまで七年くらい外国で暮らしてきたけど、異民族、異文化、異国との交流は疲れる。それは貴重な体験だけど、決して楽ではない。異なる言語、異なる習慣。面倒くさいことだらけだ。

ぼくらは似た者同士でいたほうが楽だ。価値観や文化や言葉の違う人たちと一緒にいるのは、けっこうストレスだ（それが悪いと言っているのではない）。

さて、異性はあきらかに「他者」だ。自分とは異なる価値観、異なる考え方を持っている。言葉（しゃべり方）も微妙に違う。もしかしたら異なる文化も持っているかもしれない。

吉本隆明は、『超恋愛論』という本のなかで、恋愛は「自分の細胞が相手とぴったり合う」、「遺伝子が似ている」、「双子のきょうだいが相互にもつ感覚」というように称している。つまり、「自分に似ている対象が、恋愛対象なのだ」という考えだ。それが理想の一夫一婦制の条件である、と。

でも、これは半分正しく、半分は違うんじゃないか、とぼくは思う。

むしろ、ぼくらは異性の「等質性」ではなく、「他者性」こそに惹《ひ》かれているのではないか。

恋愛の相手は違っていることに意味があるんだ。違っていなければ、意味がない。自分と全く同じ価値観でなければイヤだ、というのであれば、それは決して自分以上の存在にならないのだから。

どんなに素晴らしい恋人でも、「自分」を基準に考えると、必ずいつか不満や不全感が生じる。自分以上に自分に似ている人はいないからだ。それがストレスと思っていたら、結局のところ「おひとりさまが一番」ということになってしまう。

一緒に生活を続けていれば、「この人、わたしと同じだ」という発見よりも「同じように見えて、案外違っている」という発見がずっと多い。付き合い始めたころは、みんな話を合わせてくれるでしょ。でも、長くいっしょにいると、そういう気遣いは面倒くさくなって、本音がだんだんでてくる。だから、基本的には「価値観が同じ」から「案外、違っているな」という方向にすすむ。

問題は、それを苦痛と思うか、愉快と思うか、だ。ぼくは愉快に思ったほうがよいと思う。

他者に自分にない属性を認め、「なるほどねえ、そういう考え方もあるんだ」という発見を快楽と考えれば、毎日が新鮮でエキサイティングで楽しくなる。これを「おれの習慣と違う」と苦痛に思い出せば、毎日がだんだんつらくなる。同じ人生だ。どちらが得かは、言うまでもない。

ぼくは一年間イギリスに、五年間アメリカに、そして一年中国に住んでいた。異国異文化の生活を「つらい」と思えば毎日つらい。「楽しい」と思えば毎日新鮮で楽しい。同じやるなら、楽しく過ごしたほうがずっとトクだ。

「他者の他者性」を認め、その価値観を大切にすれば、自分が変わる勇気を持てる。例えば、「部屋なんて片付けなくてもいいや」から「ちゃんと部屋を片付けるって大事だな」という新しい価値観をパートナーから得るのは、新鮮な体験だ。

他者の「違い」を楽しむことができれば、「絶対恋愛」は「おひとりさま」よりもずっと楽しい。

ご飯をいっしょに食べること　形式にも意味がある

カップルや家族は、いっしょに同じご飯を食べたほうがよい。いっしょに食べる、という行為が、じんわりと、心をつなげてくれるからだ。価値観や世界観、「空気」を共有できるからだ。

一緒に同じものを食べることは、エロティシズムも惹起《じやつき》する。デートに食事がつきものなのも、そのためだ。どっかのマンガで読みかじったネタだけど、西洋では男女が食事をともにするときは、ベッドも共にしてよいサインなんだって。本当かな。

最近は、家族内でも別々にご飯を食べるところがあるようだけど、もったいない。また、夫が夜、外で酒を飲んだり、ご飯を食べていて、夫婦でいっしょにご飯を食べる機会がほとんどない家庭もある。これももったいない。

いっしょに食事をするときは、もちろんテレビなんて見ないほうがよい。新聞も読まないほうがよい。パソコンやスマートフォンをいじるのは論外だ。

会話のトピックなんてなんだっていい。「あなたの話をもっと聞いていたい」というサインを示し続ければそれでよい。「今日会ったこと」「考えたこと」、なんでもトピックになる。「今食べている食べ物」をトピックにするのもよい。会話が続かないなんてことはありえない。

朝食を家族一緒に食べるためには、みんなで一緒に朝食を作るのもよい。特別なことは必要ない。お皿をだすとか、そういうシンプルな作業だけでも十分だ。「お母さん」にまかせていては、お母さんは一緒にご飯を食べられないから。

食事をともにする、というのは一つの形式だ。でも、形式が心に影響するところって大きい。こういうのも、永続する「絶対恋愛」の一つの構成要素だ。

贈与、プレゼントについて

形式といえば、プレゼントを送るのも一つの形式だ。

ぼくの意見では、プレゼントはもらうよりも、あげるほうが楽しい。

もちろん、プレゼントをもらうのもうれしい。でも、プレゼントを選び、それを誰かに差し出して、喜んでもらうほうが何倍も楽しい体験だ。こういう体験が「わたし」よりも「あなた」を優先し、かつ「わたし」が一番幸せになる「絶対恋愛」の原型だとすら思う。

日本には贈与の習慣がたくさんある。お中元、お歳暮、年賀状、お年玉、お年賀、バレンタインデー、ホワイトデー、クリスマス、母の日、父の日、こどもの日。いやいや、いっぱいあるね。

実はぼくは、こういう儀式を長らく軽蔑していた。商業主義のマーケティングにのせられて、金を使わされているだけじゃないか、とニヒルに考えていた。法事とか、結婚式とか、そういう古来の日本の儀式も軽蔑していた。単なる時間の無駄であり、お金の無駄であり、効率性に欠ける、と思っていたんだ。以前の私は効率重視の、アメリカのビジネスマンみたいな考え方をしていた。

とんでもない間違いだったと、今ではとても反省している。

商業主義に「わざとのせられる」のも大事なんだ。

いいじゃないですか、キリスト教徒じゃなくたってクリスマスプレゼント。それで、与えるほうももらうほうも幸せな気分になれるんだから。儀式、形式って大切なんだよ。

バレンタインデーでチョコレートをもらい、ホワイトデーにお返しをする。こんな形式的な（そして商業主義的な）ことでも、そのような贈与の交換を行ったことでまた気分はリフレッシュする。この気分のリフレッシュを体験できるのならば、いいじゃない、商業主義、乗ってやろうよ、とぼくは最近思うようになった。苦虫を噛《か》み潰したように、「バレンタインなんて商業主義」と軽蔑していた時より、今のほうがずっと楽しい。騙《だま》されているかどうかは、関係ない。

儀式は単なる形式だけど、その形式がぼくらの心理に大きな影響を与えている。乗っかってしまえば、そこに新たな気づき、発見、気持ちの切り替えが起こる。食事を一緒にとる、という「形式」も恋愛の気持ちの高揚に役立つのはそのためだ。

形式主義はよくないことが多いけど、形式が本質に与える影響はなかなかバカにできないんだ。

うまく活用すれば、形式は十分に本質に影響する。

目減りしない愛情とは

ここまで読んでくださったみなさんの中には、

「話はわかるんだけどなあ。そんなの机上の空論でしょ。永続する愛情なんて、実在しないよ」

とおっしゃるかもしれない。

そんなことはない。永続する愛情は、この世のあちこちに遍在している。

その典型例が、「親の子に対する愛情」だ。

母（あるいは父）の子に対する愛は非常に大きなものだ。

それは無償の愛であり、永続する愛情です。無条件な愛情でもある。

「こういう条件を満たせば子どもを愛する」なんて「条件付けの」愛し方をしていては、親子の関係はうまくいかない。言うことを聞いたら愛してあげる、お行儀よくしていたら愛してあげる、テストでいい点を取ったら愛してあげる、受験に合格したら愛してあげる……このような「条件付け」の愛情で子どもを支配するのは、非常に残酷なことだ。

どんな条件下であっても、その条件抜きに愛情を注げるのが、親の子に対する愛情のあるべき姿だ。また、そういう愛情を多くの親が持っている。

それは、「血」がさせるのではない。例えば、養子であっても、永続する愛情は可能だ。

したがって、世界には、「無条件に全体として相手を永続的に愛し続ける」モデルがちゃんと存在する。親の子に対する愛情という、世界的に普遍的な、無条件の永続する愛情の形が。

それが「他者」に向けられたものが「絶対恋愛」だ。

「絶対恋愛」の存在は証明できないかもしれない。でも、「絶対恋愛」のアナロジーたる親の子に対する愛情が、「絶対恋愛」が存在してもよい、大きな可能性を示唆している。それが「ない」と決めつける理由はないんだ。

夫婦別姓の大切さ

さあ、本書ももうだいたい終わりだ。最後に夫婦別姓について検討してみよう。これはぼくが以前から不満に思っていることなんだ。

事実婚の利点は夫婦別姓にある。例えば事実婚がフランスでは多い。でも、日本では事実婚はいろいろ制度上不便なので、そこがジレンマだ。

本書執筆時点では、日本ではまだ、夫婦別姓は認められていない。最高裁も夫婦別姓を「合憲」である、と判断してしまった（2015年12月）。

うちもそうなんだけど、夫婦別姓は共働きの場合はけっこう大変だ。ぼくの奥さんはぼくと同業者だけど、専門医資格とか免許の事務手続き、書類上の扱い、とにかく面倒くさいことばかりだ。

夫婦が同姓でいることが悪いとは全然思わない。そういうあり方も当然「あり」だ。問題は、なぜ「夫婦別姓」という異なるオプションを全否定してしまうのか、ということだ。

他者に対する寛容を重視するならば、これは非常にヘンテコな論理だ。自分のあり方を、他人とあわせなければいけない、というのは古い昭和的、悪い意味での同調圧力だ。よく、「夫婦同姓は日本古来の文化である」なんて言う人がいる。でも、そもそも日本では、平民においては「姓」なんて存在しなかった。

結婚制度はすでに平安時代に「律令」のなかにシステム化された。そこでは夫婦の「姓」を統一するか否かの言及すらなかった。

明治時代になってキリスト教的な「夫婦一体」という海外の考え方を直輸入したために、民法で「夫婦同姓」というしくみができたにすぎない。要するに、これは海外のキリスト教文化が産んだ産物なんだ。そのキリスト教社会（欧米）ですら、現在ではほとんどの国で夫婦別姓が基本的に認められており、（カトリックは反対する）同性婚もＯＫ、というのが流れになっている。またしても、西洋の制度を取り入れた日本が西洋のやり方ですら取り残されている。

服藤早苗氏の『平安朝の女と男』によると、平安時代の貴族の結婚では「婿取り」に代表されるように娘の家に婿が入るマスオさん状態が普通だったそうだ。男の「家」に嫁に行くのがデフォルトな日本伝統文化とは限らないことがわかる。家父長制、家に「嫁入り」するようになったのはその後生じた、「新しい伝統」だ。

平民が苗字《みようじ》を名乗ることを許されるようになったのは、明治時代になってからのことだ。明治5年に戸籍制度ができた時も、苗字のない家が多かった。だから「屋号」を用いても良いとされた。しかも、当時の日本では頻繁に改正改名を行う習慣があったので、戸籍制度ができても改姓を要求する者があとをたたなかったとか。改姓が禁止される太政官布告が出されたのは明治9年のことだ。

ジャーナリストの櫻井《さくらい》よしこ氏は、夫婦別姓に反対している。それが日本古来の伝統文化だからというのだ。ちょっと長いですけど、引用する。

夫婦別姓を是とする人びとのなかに、女性の自立や人格の尊重を理由とする人は少なくない。仕事を続けるとき結婚によって姓が変わるのは、通常、姓が変わらない男性に比べて不公平で女性の権利の侵害だとする声もある。

後者については、現在も許されている「通称」で解決する問題ではないか。結婚後も旧姓で仕事を続けることは可能で、その実例も少なくない。

前者の理由についても、歴史を振り返り、他国の例を見れば、姓が変わることをもって「女性の自立や人格」が損なわれるという考えが的はずれであることがわかる。

韓国では、結婚後も女性は旧姓を名乗る。女性運動が華やかだった1960〜70年代に、韓国の事例は女性蔑視の例として語られたものだ。差別するがゆえに、夫と同じ姓を名乗らせず、族譜（家系図）にも載せないのだといわれた。

その説明の正否は、ここでの重要事ではない。重要なのは、韓国の場合も含めて、すべての国の家族制度のあり方は、その国の文化文明、価値観を反映しているということだ。日本には日本の家族制度があり、それは私たちの文化文明であり、先人たちが長い期間をかけて築き上げた価値観だ。

では、日本の女性たちは自立もできず、人格も尊重されずに生きてきたのか。答えは否であろう。日本の女性たちが、同時代の欧米の女性たちに比べてどれほど力を持っていたかについて、多くの人びとが書き残している。渡辺京二《きょうじ》氏の『逝きし世の面影』（平凡社ライブラリー）には外国人が見た日本の女性の生き生きとした姿が多出する。長岡藩の城代家老の娘、杉本鉞子《えつこ》の『武士の娘』（ちくま文庫）には、日本の女性たちが手にしていた現実生活における力の程が描写されている。

「週刊ダイヤモンド」2010年2月13日号より

昔の日本の女性が自立していたのかどうか、ぼくは正確なところを知らない。でも、「今の」日本女性が「今の」欧米の女性たちより社会的に力を持っていないことだけは間違いない。ヨーロッパでもアメリカでも、そこに住む女性は日本の女性よりも力を持っている。実は、アジアの中国でも男女平等は日本よりずっと進んでいて、日本の内閣府もずっとまえからそれを認識していた（http://www.gender.go.jp/about_danjo/whitepaper/h19/zentai/danjo/html/column/col01_00_01.html）。

そして、ぼくは今の女性の夫婦別姓の許容が大事だ、主張している。昔の女性は関係ない。

櫻井氏の意見は、歴史的知見を悪用して議論を混乱させているに過ぎない。「姓が変わることをもって「女性の自立や人格」が損なわれるという考えが的はずれである」、と彼女は言うが、それは「姓が変わらないこと」を否定する根拠としては乏しい。なによりも大切なのは、実際に困っているのは櫻井氏ではなく、ぼくらなのだ。当事者じゃない外野は黙っていてほしい。

ちなみに「〈通称〉で解決する」と櫻井氏はいうが、それは間違いだ。東京地裁は女性教員の旧姓を認めないという判決を下している（２０１６年10月11日）。〈通称〉で通してくれない場合も多々あるのだ。

夫婦別姓は女性を「家」に入れない女性蔑視である、という意見もあるが、これも詭《き》弁《べん》だ。家に入れることの価値がどれくらいあるか、ぼくは興味もないけど、いずれにしてもそれは「選択肢」の問題だ。夫婦同姓の選択肢を残しておけば簡単に解決できる問題だ。

女性がそれと望んで別姓を望んだ場合、「あなたの選択はあなたを蔑視することですよ」と他人がおせっかいにも入り込む権利がどこにあるというのか。余計なお世話、というものだ。

子どもが夫婦別姓だと苦痛に思う、という意見もある。ぼくも実は、昔そういう意見を持っていた。でも、これも第三者による「余計なお世話」だ。今は反省している。

子どもが苦痛に思うかどうか否かは、やってみなければわからない。少なくとも、「苦痛に思うはずだ」と決めつける理由はない。苦痛に思った場合のみ、それを問題にして議論すればよいだけの話だ。もし、苦痛に思わなければ、そこで議論は終了だ。

現に諸外国では夫婦別姓のカップルは多いが、それで苦しんだりいじめられたりなんて話は聞いたことがない。また、それでいじめられるとしたら、それは「いじめるほう」が絶対に悪い。同様のロジック（いじめられるほうがいけない）はシングルマザーとかを議論する時にも言われるけど、そのような考え方「そのもの」が差別的であることに気づいていない。

多様な価値観を認める豊かな社会をぼくは希求する。みんなが同じでなければならない、という古い同調圧力から「他人は自分と違っていてもよい（同じであっても、もちろんよい）」という寛容な、そして成熟した社会へと日本は成長すべきだ。多様性を認めないような社会で、現在スローガンとしてよく言われる「女性が輝く」とか「一億総活躍」社会なんてできるわけがない。

だから、夫婦別姓は認められるべきだ。夫婦同姓という形を決して否定するようなやり方ではなく。それが多様なものの見方と言うものだ。

それが、成熟した個人と社会の示すべき態度なのだ。

おわりに

最後まで本書をお読みいただき、どうもありがとうございました。「おわりに」から読むみなさん、こんにちは。

本書は「性教育は大事である」、でも「恋愛感情やエロティシズムを抜きにした単なる生理的、解剖学的性教育は、意味がない」と主張します。性教育を肯定しつつ、否定しています。「イエスと言いつつ、ノー」なんです（本書をまだ読んでいない人にはチンプンカンプンなロジックだと思います。というわけで読んでくださいね）。

そして、本書では「絶対恋愛」という存在を紹介し、その可能性を検討します。ひとりの人を、ずーっと愛し続ける、「わたし」よりも「あなた」を優位におく「絶対恋愛」。

みなさん、読んでみてどうでしたか。「なるほど、そういう考え方もあるか」と思っていただけたら、筆者としては幸いです。今、恋人がいるのなら、その恋人を「一生愛し続けようかな」と思っていただけたら、なお嬉《うれ》しいです。

数年前から、ぼくは性教育の授業で単なる事物的なこと（例えばコンドームの着け方）だけを教えるのをやめました。そして、「人を愛するとは、どういうことだろう」と恋愛について語り、その文脈の中で「性」について語るようにしています。そして「絶対恋愛」の可能性を提案し、恋愛というものをもっと大切にしたほうがよい、その大事な文脈の中にセックスがあるのだ、だからセックスも大切にしたほうがよい、という私の意見を述べています。

坂爪真吾《さかつめしんご》氏の『はじめての不倫学』では、「あとがき」に以下のような文章が載っています。

かつて、不倫を含めた恋愛の問題は文学の専門領域だった。作家は、悩める読者を小説の世界観に酔わせ、登場人物の身に降りかかる出来事や感情を追体験させることで、一定のカタルシスや代理満足を提供していたわけだ。

文学や作家の社会的影響力が弱まった後に登場したのは、社会学だった。日本の社会学は伝統的に文学性が強く、文学では表現しきれない恋愛論や若者論を扱う手段として適していた。社会学者たちは、フィクションの小説ではなく、客観的な統計データや科学的理論の力を借りて現代社会を1つの物語として描き出し、その上で社会問題に対して個別かつ具体的な処方箋を導き出した。多くの若者が、社会学者の切れ味の鋭い語り口に憧れ、提示された処方箋に飛びついた。社会学者は、言うなれば世界の認識方法を伝授してくれるシャーマンであり、それによって人を動機づけたり癒したりする力を有していたのだ。

しかし、シャーマンとしての社会学者の力も時代と共に徐々に衰え、社会学者自体の供給過剰と小粒化が進んだ。大学院で社会学をかじった程度で、この複雑極まりない現代社会を語ること、あるいは語れると思っていること自体が痛々しくなったのだ。今では、若者論客が社会学の使い手と名乗るだけで、「自称・社会学者」「社会学者（笑）」と四方八方から揶揄《やゆ》される、社会学者不遇の時代になっている。

文学の力も社会学の力も弱まった今、不倫をはじめとするセクシュアリティの問題に敢然と立ち向かえるのは、作家でも社会学者でもなく、NPOや社会起業家ではないだろうか。小説の文体や世界観に酔わせるだけでもなく、統計や理論を駆使して不倫する人・される人の実像を描き出すだけでもなく、個人の意志の力だけではどうにもならないという文学的な側面、そして夫婦関係や家族関係の破綻、及び貧困への転落にダイレクトに関わる社会問題としての側面を踏まえた上で、現実を少しでもマシな方向に進めるための具体的な処方箋＝不倫ワクチンを提示する。こうした仕事は、我々NPOの世界の人間がやるべき課題であるはずだ。

重度身体障害者に対する射精介助サービスなど、新しい「性の公共」を目指す坂爪氏の言説は、性に関してかなりラディカルであり、本書の「絶対恋愛論」とは真逆の思想であるかのような印象を与えます。

しかし、ぼく自身はこの本を読んで深い感銘を受けました。「不倫」という恋愛の一亜型を一所懸命考えることも、絶対恋愛論も、恋愛をサブなものではなく、メインなものとして、手段ではなく目的として捉えている、真っ向勝負を論じている点においては全く同じだからです。

冒頭で申し上げたように、本書の目的は「絶対恋愛論」の存在可能性を論ずることであり、「絶対恋愛論」の普遍化を目指しているわけではありません。坂爪氏が不倫の可能性についてマジで真正面から論じながらも、不倫の普及を目的としないように。

もちろん、ぼくの意見に従う必要はありません。テストでそのように「正しく」答える必要もありません。性教育は「正しい答え」を覚えるようなコンベンショナルな教育ではなく「正しい答えとはなんだろう」と考えることを知ること、そこから自分で生き延びていくためのスキルを身に付けていくことだと思うからです。

性教育は「生き延びるための教育」として必要です。しかし、「生き延びる」だけでは人生はつまらない。その先にあるものとして「絶対恋愛」という可能性を本書では検討しました。

繰り返しますが、恋愛もセックスもとても「よい」ものです。その価値の高さが、性教育で伝わらないのはとてももったいないとぼくは思います。

どうかみなさんの恋愛がとても「よい」ものでありますように、心からお祈りしています。

本書の執筆に参照した文献（論文、ウェブ上の情報を除く）

「若者の性」白書　第7回　青少年の性行動全国調査報告　日本性教育協会編　小学館
ほんとうの私がはじまるとき　ケアレン・ボーリス著　金田広志訳　総合法令
恋愛論　坂口安吾　kindle
エッチのまわりにあるもの　保健室の社会学　すぎむらなおみ　解法出版社
聞きたい知りたい性的マイノリティ　つながりあえる社会のために　杉山貴士　日本機関紙出版センター
明かしえぬ共同体　モーリス・ブランショ　西谷修訳　ちくま学芸文庫
明治の結婚　明治の離婚　湯沢雍彦　角川選書
とりかへばや、男と女　河合隼雄　新潮選書
マンガ　エニグマに挑んだ天才数学者　チューリング　トゥオノ・ペッティナートら　講談社
弁証法はどういう科学か　三浦つとむ　講談社現代新書
オルガスムの歴史　ロバート・ミュッシャンブレ　山本規雄訳　作品社
戦国武将と男色　知られざる「武家衆道」の盛衰史　乃至政彦　洋泉社
ヴァギナ　女性器の文化史　キャサリン・ブラックリッジ　藤田真利子訳　河出文庫
超恋愛論　吉本隆明　だいわ文庫
こんなに違う！　世界の性教育　橋本紀子監修　メディアファクトリー新書
思春期ってなんだろう　金子由美子　岩波ジュニア新書

「絶望の時代」の希望の恋愛学　宮台真司　中経出版
14歳からの社会学　宮台真司　ちくま文庫
中学生からの愛の授業　宮台真司　コアマガジン
人間の性はなぜ奇妙に進化したのか　ジャレド・ダイアモンド　長谷川寿一訳　草思社文庫
エロティシズム　ジョルジュ・バタイユ　酒井健訳　ちくま学芸文庫
知への意志（性の歴史Ⅰ）　ミシェル・フーコー　渡辺守章訳　新潮社
快楽の活用（性の歴史Ⅱ）　ミシェル・フーコー　田村俶訳　新潮社
自己への配慮（性の歴史Ⅲ）　ミシェル・フーコー　田村俶訳　新潮社
よくわかる黄帝内経の基本としくみ　左合昌美　秀和システム
エティカ　スピノザ　中公クラシックス
平安朝の結婚制度と文学　工藤重矩　風間書店
源氏物語の結婚　工藤重矩　中公新書
平安朝の女と男　服藤早苗　中公新書
江戸の花嫁　森下みさ子　中公新書
セックスと恋愛の経済学　マリナ・アドシェイド　酒井泰介訳　東洋経済新報社
愛するということ　新訳版　エーリッヒ・フロム　鈴木晶訳　紀伊國屋書店
はじめての不倫学　坂爪真吾　光文社新書
恋愛のディスクール・断章　ロラン・バルト　三好郁朗訳　みすず書房

ちくまプリマー新書269
感染症医《かんせんしょうい》が教《おし》える性《せい》の話《はなし》

二〇一六年十二月十日　初版第一刷発行

著者　岩田健太郎（いわた・けんたろう）
装幀　クラフト・エヴィング商會
発行者　山野浩一
発行所　株式会社筑摩書房
東京都台東区蔵前二-五-三　〒一一一-八七五五
振替〇〇一六〇-八-四一二三
印刷・製本　株式会社精興社

ISBN978-4-480-68970-2 C0236　Printed in Japan

乱丁・落丁本の場合は、左記宛にご送付ください。
送料小社負担でお取り替えいたします。
ご注文・お問い合わせも左記へお願いします。
〒三三一-八五〇七　さいたま市北区櫛引町二-六〇四
筑摩書房サービスセンター　電話〇四八-六五一-〇〇五三